广东省韩山师范学院2017年省市共建中国语言文学重点学科经费资助

五周岁汉语儿童的言语交际研究

罗黎丽◎著

On Communication of Chinese Five-year-old Children

中国社会科学出版社

图书在版编目（CIP）数据

五周岁汉语儿童的言语交际研究/罗黎丽著.—北京：中国社会科学出版社，2018.12
ISBN 978-7-5203-2946-0

Ⅰ.①五… Ⅱ.①罗… Ⅲ.①汉语—儿童语言—言语交往—研究 Ⅳ.①H193.1

中国版本图书馆 CIP 数据核字（2018）第 180603 号

出 版 人	赵剑英
责任编辑	宋燕鹏
责任校对	冯英爽
责任印制	李寡寡

出　　版	中国社会科学出版社
社　　址	北京鼓楼西大街甲 158 号
邮　　编	100720
网　　址	http://www.csspw.cn
发 行 部	010-84083685
门 市 部	010-84029450
经　　销	新华书店及其他书店
印　　刷	北京明恒达印务有限公司
装　　订	廊坊市广阳区广增装订厂
版　　次	2018 年 12 月第 1 版
印　　次	2018 年 12 月第 1 次印刷
开　　本	710×1000　1/16
印　　张	11.75
字　　数	205 千字
定　　价	58.00 元

凡购买中国社会科学出版社图书，如有质量问题请与本社营销中心联系调换
电话：010-84083683
版权所有　侵权必究

Contents 目 录

第一章 绪论 ……………………………………………………（ 1 ）
  第一节 理论背景 ………………………………………………（ 1 ）
  第二节 儿童语言研究概述 ……………………………………（ 4 ）
  第三节 术语说明、研究方法、语料来源 ……………………（ 9 ）

第二章 陈述与询问 ……………………………………………（ 16 ）
  第一节 陈述 ……………………………………………………（ 17 ）
  第二节 询问 ……………………………………………………（ 22 ）
  第三节 小结 ……………………………………………………（ 24 ）

第三章 社交表达与谈话技巧 …………………………………（ 25 ）
  第一节 社交表达 ………………………………………………（ 25 ）
  第二节 谈话技巧 ………………………………………………（ 33 ）
  第三节 小结 ……………………………………………………（ 51 ）

第四章 指令与提供 ……………………………………………（ 53 ）
  第一节 指令 ……………………………………………………（ 53 ）
  第二节 提供 ……………………………………………………（ 60 ）
  第三节 小结 ……………………………………………………（ 60 ）

第五章 态度与情感表达 ………………………………………（ 62 ）
  第一节 态度 ……………………………………………………（ 62 ）
  第二节 情感表达 ………………………………………………（ 72 ）
  第三节 小结 ……………………………………………………（ 85 ）

第六章　指令类言语行为分析 ……………………………（86）

第一节　指令类言语行为研究概况 ……………………（86）
第二节　对成人的指令行为 ……………………………（87）
第三节　对同伴的指令行为 ……………………………（104）
第四节　小结 ……………………………………………（126）

第七章　不满类言语行为分析 ……………………………（128）

第一节　不满类言语行为的研究概况 …………………（128）
第二节　不满类言语行为的模式 ………………………（129）
第三节　对成人的不满行为 ……………………………（130）
第四节　对同伴的不满行为 ……………………………（139）
第五节　小结 ……………………………………………（169）

第八章　结论与建议 ………………………………………（172）

参考文献 ……………………………………………………（177）

后记 …………………………………………………………（183）

第一章　绪论

儿童是在交际中获得和发展语言的,也是通过交际发展认知而不断社会化的[1],但是汉语言学界至今未对汉语儿童的语言使用进行深入的调查和细致的分析。因为五周岁儿童处学龄前末期,他们的语言较少受到书面语的影响,相比五周岁前的儿童,该年龄段儿童的语言交际能力更强,交际内容也更丰富,所以,本书选择收集五周岁汉语儿童的日常会话语料,从功能的角度出发,描写分析五周岁汉语儿童的交际行为,探寻制约儿童语言选择的因素。研究结论对母语教学有积极的指导作用,对汉语言研究也有一定的启发意义。

第一节　理论背景

形式主义和功能主义是当代语言学中的两大主要派别。但20世纪的语言研究,形式主义占主导地位。形式主义认为句法是自主的形式,只受句法因素的制约,句法规则独立于语言的意义和功能。对此,功能主义持相反观点。形式语言学取得了很大的成就,但它的局限也十分明显。不少学者提出独立于意义而描写语法是没有意义的,他们认为正确判断语法规则的使用,必须依赖话语的社会语境意义和话语参与者的隐含意义。这种语言观在20世纪五六十年代促成了语言学的话语转向[2]。

一　话语分析

20世纪60年代中期开始,话语分析成为一个独立的研究领域。话语分析研究使用中的语言,研究语言和语境之间的关系,考察在实际言语交际活动

---

[1] 李宇明:《儿童语言的发展》,华中师范大学出版社2004年第2版,第24页。
[2] 苗新伟、秦洪武:《英汉语篇语用学研究》,上海外语教育出版社2010版,第3页。

中使用的连贯话语的结构，试图描写和分析人们如何使用和理解话语。70年代后发展出两种不同的会话分析方法，一种是英国伯明翰学派的话语分析模式（DA），另一种是美国社会学家开创的会话分析（CA）。前者研究语言使用者如何根据语境组成大于句子或语段的语言单位来达到交际目的。后者把话语看作一种有结构规律可循的社会活动，强调要认真考察在自然环境中语言使用者的行为。他们关注有语境的会话，通过对大量真实录音材料的分析，探索日常谈话的原则和规律，提出了一整套分析的概念，如话轮、话轮转换、谈话修补、语对等。国内，刘运同的《会话分析概要》，于国栋的《会话分析》，李悦娥、范宏雅的《话语分析》，刘虹的《会话结构分析》，崔国鑫的《语用视野下的会话分析》对话语分析的基本理论有比较详细的介绍。

二 语用学

70年代起语用学逐渐兴起，它与话语分析一样，研究语境中的意义而非意义本身，分析句子的使用而非结构。日常语言哲学家和言语行为理论家为语用学的发展打下了坚实的基础。语言哲学家奥斯汀、塞尔的言语行为理论研究说话人、受话人、目的意向和语境等语用因素。奥斯汀的言语行为理论思想主要集中于《如何以言行事》一书。奥斯汀认为语言可以分为施为句和叙述句。叙述句是对世界进行描述，与命题有关，因此有真值。但施为句是通过一个话语做出一个行为，无所谓真假。他认为说出一句话的同时就是进行了三种行为：以言指事、以言施事和以言取效行为。其中以言施事行为具有以言施事的语力，根据语力可以区分五种以言施事行为。奥斯汀对施为动词、施为行为和意向语力的研究为人们研究语言中的主观意义奠定了基础。接着，塞尔对言语行为理论做出了进一步的完善和深化。他分辨了五种不同的以言施事的行为，它们分别是判断、指令、承诺、表达、宣称，并区分了直接言语行为和间接言语行为。言语行为理论在从命题到命题意向（命题态度）的转向后，完成了从命题意向到语言使用者（说话人、受话人）的推进，它使人们认识到要真正全面、准确地理解话语，仅仅依靠句子结构分析和逻辑—语义分析来确定句子意义的真假是不够的。说话人并不是绝对自由的，他的意图受到句法、语义和语用等多种因素的限制。

对语用学发展做出重大贡献的还有格赖斯，他提出合作原则、利奇的礼貌原则以及布朗和列文森的"面子威胁理论"和关联理论。格赖斯认为，为了保证交际的顺利进行，交际双方必须共同遵守合作原则，如果故意违反就会产生语用含义。他的"会话含义"学说为研究语用含义提供了理论基础。

但是，格赖斯的合作原则只解释了会话含义是怎么产生和理解的，没有解释人们为什么要违反合作原则。为了弥补合作原则的不足，利奇提出了礼貌原则。他认为人们在交际中有意违反合作原则间接地表达自己，是出于礼貌的考虑。格赖斯把合作原则划分为数量准则、质量准则、关联准则和方式准则。利奇仿效格赖斯的合作原则，提出了礼貌原则的六项准则，分别是策略准则、宽宏准则、赞扬准则、谦虚准则、赞同准则和同情准则。20世纪70年代后期，布朗和列文森提出了面子威胁理论，他们的理论主要包括三个基本概念：面子、威胁面子的行为和礼貌策略。他们认为理智的交际者都具有面子观，因此交际时都会尽量维护双方的面子。如果言语行为威胁到对方的面子，交际者就需要根据交际目的、对象、场合等因素选择恰当的语言形式或策略降低威胁的力度。斯波伯和威尔逊从格赖斯的关联概念入手，详细讨论了格赖斯语用学所存在的问题。他们认为语境不是预先确定的，而是择定的，话语本身和语境具有关联性，这种关联性使人们对说话人的意图做出合理的推论，从而对话语做出正确的反应。斯波伯和威尔逊从语境效果与认知努力的角度，提出了最佳关联假设与关联原则，指出人类认知以追求关联最大化为趋向，争取以最小的认知努力获得最大的认知效果。

在言语行为、会话含义理论、礼貌原则、面子理论等理论基础上还产生了维索尔伦的语言顺应理论。维索尔伦提出语用学应该研究语言的变异性、商讨性和顺应性。他认为，言语交际过程是不断进行语言选择的过程。语言选择的实质是顺应。语言使用不仅需要顺应交际意图，还需要顺应客观世界、社交世界、心理世界等语境因素，从若干可能的话语方式中做出合理选择，以实现交际目的。这些选择可以发生在语言组织的各个层次：语音、词汇、句法、语义等。说话人不仅选择语言形式，而且选择话语策略，策略的选择又最终反映在语言结构的选择上[1]。

三 社会语言学

20世纪60年代兴起的社会语言学主张从语言和社会相互依存的角度去探究语言的本质和差异，它研究人们如何使用语言，探究语言选择的规律以及影响选择的社会因素。早期的社会语言学偏重于变异、变项和变体的研究，并从社会结构和社会网络上解释变异现象。随着研究的进步，交际社会语言

---

[1] ［比］耶夫·维索尔伦：《语用学诠释》，钱冠连、霍永寿译，清华大学出版社2003年版，第66—74页。

学的研究对象也扩大到了会话。"他们发现,会话过程绝不是一个简单的罗列语词的过程。人们在会话过程中既要利用语法词汇知识,也要了解语义框架和解读话语的线索,包括各种各样的语用知识。研究语言知识和非语言知识在会话过程中的作用以及说话人的社会文化背景如何跟这些知识相互影响就成了交际社会语言学最主要的任务。"①

四　系统功能语言学

早在1935年,弗斯就强调了会话在语言学中的重要地位。韩礼德继承了弗斯的语言思想,始终把研究意义的产生、传达和理解与研究语言环境紧密联系在一起。与形式语言学不同,功能语言学要描写的不是理想说话人究竟知道什么,而是真实的说话人在人们每天利用语言互动时是如何活动的②。系统功能语言学认为,语言由许多子系统构成,每个子系统都是一组可供选择的项目,任何一个选项都表达一定的意义,所以对任何一个选项的选择都是对意义的选择。人们使用语言进行交际时,都必须不断地对语言系统做出选择。这种选择受三方面的制约:讲话者所要表达概念意义的制约、语言系统本身的制约以及语境的制约③。

可见,从话语分析开始,语言学研究出现了话语转向。这使语言研究突破了语言本体的局限,发生了从形式到功能,从静态到动态,从词句分析到话语、篇章分析,从语言内部到语言外部,从单一领域到跨学科领域的一系列变化。

在这一理论背景下,本书选择描写分析五周岁汉语儿童的交际行为,探寻制约其语言选择的因素。

第二节　儿童语言研究概述

一　国外儿童语言研究

儿童语言研究起源于西方,它的发展大致经历了三个阶段。西方早期的

---

① [美]甘柏兹:《会话策略》,徐大明、高海洋译,社会科学文献出版社2001年版,第3页。
② 胡壮麟、朱永生、张德禄、李战子:《系统功能语言学概论》,北京大学出版社2008年第2版,第3页。
③ 朱永生、严世清:《系统功能语言学多维思考》,上海外语教育出版社2001年版,第5—7页。

儿童语言研究是纯粹的儿童心理研究，目的是揭示儿童心理的发展过程和测试儿童的智力水平，这一时期的研究比较粗糙。第二阶段是在行为主义影响下的研究。1913年，行为主义心理学的创立对儿童语言学产生了重要影响。人们主要关注怎样将儿童语言的发展作为衡量心理发展的指标，如语句的长度、词汇量的增长等。20世纪前半叶，儿童语言研究大多在行为主义的框架中进行。第三阶段是在心理语言学诞生之后的研究。1953年，心理语言学诞生后，儿童语言研究深深受到乔姆斯基和皮亚杰的影响。在心理学和语言学的双重影响下，儿童语言研究目的有所改变，或是为了揭示儿童心理的发展，或是为了验证语言学的一些理论假设。近20年，儿童语言研究逐步发展成为一门心理学和语言学交叉的独立学科，着重研究儿童语言的发展、儿童语言能力的获得、儿童语言的制约因素①。目前，国外儿童语言研究发展的趋势是：

（一）研究视角和立场发生转变

当代儿童语言研究发生了儿童角色的转变，研究开始重视语言获得中儿童的主动性。如社会相互作用观把儿童及其语言环境看作一个动态系统，认为儿童是一个积极主动的语言加工者，是协作性人际交往的参与者而不是环境输入的被动接受者，交往过程中交际行为之所以有意义，是参与者共同建构的结果②。

（二）更加关注语言与认知的关系

皮亚杰以认知说为理论基础，提出语言是许多符号功能中的一种，认知结构是语言发展的基础。个体的认知结构和认知能力来源于主体和客体之间的相互作用。语言和认知的关系是：语言来源于思维；认知结构发展到一定阶段，才出现语言；语言只是认知发展的标志之一，自我中心语言反映的是不成熟的思维形式，社会化语言反映的是发展程度更高的思维形式。儿童语言的发展在个体和客观环境因素共同作用下，通过同化和顺应不断从一个阶段发展到另一个更高的阶段。

继皮亚杰关于儿童认知发展的研究和元认知研究之后，"心理理论"成为儿童认知发展研究的第三个浪潮。邓赐平的《儿童心理理论的发展》、陈友庆的《儿童心理理论》对儿童心理理论进行了专门的研究。心理理论是个体凭借一定的知识推理系统对自身和他人的内心世界进行"阅读"，然后对他人行

---

① 祁文慧：《国外儿童语言研究综述》，《南京邮电大学学报》2011年第9期。
② 郑荔：《学龄前儿童修辞特征语言研究》，博士学位论文，南京师范大学，2008年，第13页。

为做出预测和解释的社会认知能力。心理理论包括社会知觉和社会认知两个成分。其中社会认知成分主要和认知加工系统有关，需要在头脑中对他人的心理状态进行表征和推理加工，与语言等能力的发展关系密切。心理理论与语言能力都在学龄前取得了关键性的发展。3—5岁是儿童心理理论发展的关键阶段，恰恰也是他们在语言上取得神速进步的时期，这提示了二者之间可能存在着某种密切的关系①。以上研究促使研究者更加重视认知和语言的关系。

（三）重视语言运用研究

在儿童语言发展研究领域，欧美学者借鉴会话分析学派的研究成果对儿童早期语言的使用进行了探讨。1976年，Crastal出版的《儿童、学习和语言学》标志着学龄儿童语言研究从传统的语法层面向语用层面转变。1979年，由美国语言学家 E. Ochs & B. Schieffelin 共同主编的有关儿童语用习得的论文集《发展语用学》问世。1985年，语用学专业刊物 *Journal Pragmatics* 发表了由 Steven Gillis & A. M. Sehaerlaekens 负责编辑的有关语用习得研究的专辑。1996年，以色列心理学家 Ninio 和 Snow 合著的《语用发展》标志着西方以英语为语料的学龄前儿童语用发展研究从零散探索进入一个系统、全面研究的阶段。研究者最初关注话语和语境的问题，研究儿童在不同的语境中如何学会使用委婉的方式来表达愿望。20世纪80年代后，研究者探讨儿童如何学习与人交谈，关注儿童如何学习寻找话题、轮流谈话以及延长谈话的修补能力。90年代，研究者重视儿童语言交流行为的发展过程，探讨儿童在语言发展中如何获得必要的知识技能，有效地使用语言②。

目前，国外有关儿童语用发展的研究课题主要有以下几个方面③：

1. 交际意图的习得，相应的语言表达的发展，包括在言语出现之前的交际行为（即通过发声和手势）。

2. 会话技能的发展和支配话论转换、打断谈话、反馈指示话题关联性或话题转换规则的习得。

3. 组织带有衔接和体裁特征语篇的语言能力的习得。

4. 儿童进入语言使用阶段期间的语用学习过程，如通过把新的语言形式

---

① 张旭：《汉语幼儿心理理论与语言的关系——不同语言能力幼儿的实验研究》，博士学位论文，华东师范大学，2005年，第9页。
② 周兢：《汉语儿童语言发展研究——国际儿童语料库研究方法的应用与发展》，教育科学出版社2009年版，第18—19页。
③ 陈新仁：《国外儿童语用发展研究述评》，《外语与外语教学》2000年第12期。

与相应的交际功能匹配的习得方式。

5. 礼貌规则及其他影响话语使用、具有文化色彩的规则的习得。

6. 常见言语行为的习得。

7. 影响语言习得的语用因素,如儿童早期语言使用的交际环境、母亲的输入和顺应性行为在语言形式习得过程中的作用等。

二 汉语儿童语言研究

汉语儿童语言研究起步较晚,1920 年我国的儿童心理学家、教育家陈鹤琴对儿童语言的发展进行了个案的追踪记录。尽管陈鹤琴注意到了儿童语言多方面的细节,但由于他不是语言学者,他的描述只侧重语音和词汇,句法分析则限于词类分布。此后,赵元任结合语言理论来研究儿童语言,把结构主义语言学的方法用到了具体儿童话语的分析上。20 世纪 50 年代后的儿童汉语研究,在海外有较为系统完整的个案研究。国内,从 20 世纪 70 年代到 80 年代初期,由于朱智贤、许政援、朱曼殊、缪小春等儿童心理学者的努力开拓,取得了许多儿童语言的研究成果。这些研究以横向实验方法为主,就汉语儿童的常见语言项目做了初步调查。一些心理语言学著作也开始较多地介绍国外儿童语言研究的成果和方法,如桂诗春的《心理语言学》《实用心理语言学纲要》、彭聃龄的《语言心理学》。

80 年代后,汉语本体语言学的学者加入儿童语言研究的行列,他们以丰富的纵向跟踪个案研究资料,结合一些横向实验,揭示了儿童句法发展的许多规律,至今出版了多部学术专著、数十篇论文和研究报告。下面,我们择要进行介绍。研究儿童语言的学术著作有李宇明、唐志东《汉族儿童问句系统习得探微》,李宇明《儿童语言的发展》,李宇明、陈前端《语言的理解与发生——儿童问句系统的理解与发生的比较研究》,靳洪刚《语言获得理论研究》,周国光《汉语句法结构习得研究》《儿童句式发展研究和语言习得理论》,孔令达《汉语儿童实词习得研究》等。其中,李宇明的研究涉及的面最广,包括儿童语音、词义、语法、儿向语研究以及儿童语言理解研究。他的《儿童语言的发展》是我国第一部全面论述儿童语言学的对象、任务、历史与理论的专著,概括了国内心理学界与语言学界的主要成果,描绘出汉族儿童语言发展的基本过程,揭示出其中许多有价值的规律[①]。孔令达的《汉语儿

[①] 陈前瑞:《中国儿童语言学的长成之作——读李宇明〈儿童语言的发展〉》,《语言文字应用》1996 年第 3 期。

童实词习得研究》是汉语儿童词汇习得研究中最为全面的研究，从句法、语义、语用三个角度对儿童习得各类实词的基础、顺序、特点、心理机制做了深入的探讨。周国光对儿童语言中的基本句法结构的结构类型、语义关系、句法功能进行了全面细致的描述，并建立了关于汉语语言习得的理论体系。这些理论包括：关于儿童语言系统形成和运作的理论，关于儿童语言发展阶段的理论，关于儿童语言习得手段的理论，关于儿童习得句法结构的机制的理论等。他的研究对汉语语言习得理论做出了重要贡献。

近十年来的儿童语言研究呈现出多元化的特点，除了以传统方式继续探讨儿童语言在语音、词汇、语义、语法等语言基本方面的习得、发展情况外，不少学者开始使用语料库方法对儿童语言发展概貌进行描写分析。近几年儿童语言研究又开始关注处于学龄前后期五至六周岁儿童的语言发展，涉及五周岁儿童语言的有崔荣辉、张廷香、杨先明等人的研究。如崔荣辉采用群案横向调查的方式在幼儿园里收集儿童的会话语料，建立了 10 万字左右的儿童口语语料库，在他的硕士论文《5—6 岁儿童语言习得状况的考察与研究》中，对该阶段儿童的词汇、短语、句法习得做了比较详细的计量分析和描写。张廷香运用语料库语言学的方法，通过抽样自建 40 名 3—6 岁汉语儿童的真实语料库，在其博士论文《基于语料库的 3—6 岁汉语儿童词汇研究》中，对抽样语料中儿童使用的词汇进行了定量分析和描写，以造词和用词"偏误"为重点，探讨了 3—6 岁儿童语言能力和语言知识的发展情况。杨先明用自己收集的 3 个儿童的语料和 31 种公开出版文献中的儿童语料建成的 0—6 岁儿童语料库，在其博士论文《0—5 岁汉语儿童语言发展的认知研究》中，从认知语言学的视角对 0—5 岁汉语儿童的语言发展过程进行了分析，并分析了各个阶段儿童语言发展的特点。他认为儿童 3—5 岁为事件与关系扩展期。随着儿童认知能力的增强，认知跨度增大，事件成为儿童感知客观世界的认知单位。儿童语言的表达内容也逐步由事物（事件）的可视的、外在的等具象特征逐渐转向内在固有特性，有从事物属性特征向事件关系属性特征发展的趋势，语言表达也从范畴间的关系发展到事物间的关系。认知深化在语言上的表现就是句法成分增多、修饰性成分的增加及句法结构的复杂化和严谨化。但是该论文因为 5—6 岁期间的语料较少，未对此阶段进行单独分析。

汉语本体语言学的学者研究儿童语言，在语音、语义、语法等方面取得了比较丰硕的成果，但他们的研究未曾涉及对儿童言语交际行为的描写和分析。有关汉语儿童语言运用能力的研究，直到 20 世纪末才开始有一些零散的介绍性的文章。如丁建新、陈新仁、刘金华等介绍了西方学龄前儿童语用研究的状况和理论，对汉语儿童语用发展问题做了一定的探讨。2002年，外语教学与研究出版社引进了英国Foster-Cohen出版的《儿童语言发展引论》一书，对儿童语言发展研究的问题进行了简单的介绍，该书已经涉及儿童语用能力发展问题。近几年，周兢等人完成的有关汉语儿童早期语用交流行为发展的研究，开始填补这方面的空白。他们应用国际儿童语料库的研究方法，探讨了儿童语用发展的阶段性特征。其中有周兢的《儿童语言运用能力的发展》《汉语儿童语言发展研究——国际儿童语料库研究方法的应用与发展》。在周兢的论著中，她提到目前研究有方法单一、儿童语言发展研究与语言教育不深入等问题，强调要对汉语儿童语言发展和教育研究进行反思①。除论著外，还有一些论文对儿童语言使用进行了研究，如刘森林《学龄前儿童语用发展状况实证研究——聚焦言语行为》，杨晓岚《3—6岁儿童同伴会话能力发展研究》，卢爱华《五岁儿童自我言语修正的个案研究》，刘霞《儿童会话的语用分析》。

总体来看，国内儿童语言研究，静态的研究多，动态的研究少；有关语言要素习得的研究多，有关会话交际的研究少；材料收集方面，问卷调查、简单测试的多，实录的少；材料涉及的对象，三岁前的多，三岁以后的特别是五周岁学龄前的儿童少。五周岁学龄前儿童语料收集，群体仿真模拟场景短时截面记录的多，个体真实长时间追踪详录的少。可见，五周岁儿童语言使用的深入调查和细致分析是汉语言研究的一个相当薄弱的环节。

第三节　术语说明、研究方法、语料来源

一　术语说明

（一）功能

语言是人类社会活动的产物，作为人类交际的工具，它承担着多种功能。广义的功能指的是人类语言的功能，如交际功能、思维功能。狭义的功能就是言语行为，是用语言来做什么，如问候、祝愿、请求、说服、警告、批评

---

① 周兢：《汉语儿童语言发展研究——国际儿童语料库研究方法的应用与发展》，教育科学出版社2009年版，第23页。

等，这种常识中的"功能"实质就是语言的具体运用①。本书的"功能"指的是狭义的功能。

目前关涉狭义功能研究的主要有语言学界对具体言语行为的研究和外语教学界对功能大纲的研究。

随着国外言语行为理论和研究成果的引进，国内语言学界特别是语用学界对祝贺、道歉、告别、感谢、请求、劝说、警告、抱怨、批评等言语行为进行了专文研究，如张汉娇《留学生汉语招呼语言语行为研究及教学探讨》、康红霞《关于现代汉语道歉言语行为的初步研究》、许林玉《汉语"安慰"言语行为研究》、王丽媛《汉语"感谢"言语行为研究》、郭莉敏《汉语讽刺言语行为的语用学研究》、梁蕾《汉语评价言语行为及其策略研究》、颜晓春《拒绝言语行为及其策略分析》、朱湘燕《汉语批评言语行为研究及其对对外汉语教学的启示》、康林华《汉语抱怨行为研究》、龙又珍《现代汉语寒暄系统研究》、赵微《指令行为与汉语祈使句研究》、樊小玲《汉语指令言语行为研究》、刘文欣《现代汉语责训句研究》等。其中，龙又珍、赵微、樊小玲、刘文欣的论文从系统入手，考察某一类言语行为的内部特征，而不是只限于单个言语行为。

20 世纪 70 年代，欧洲产生了一种新的外语教学法流派——功能法。功能法重视语言的交际功能和表意功能，主张教学过程交际化、教学环节功能化、教学情境真实化。它注重培养学生"用语言做事"的能力，主张语言学习要从功能到形式。1976 年欧洲专家共同制定出的教学大纲《入门阶段》把功能分为六类 47 项。六类功能项目为：通知与了解实际情况、表达与获悉理性的态度、表达与获悉感情的态度、表达道义的态度、使事情做成、社交。80 年代初，功能法传入我国对外汉语教学界，一些专家学者相继编写出了一些功能大纲。其中，比较有影响的有杨寄洲的《对外汉语教学初级阶段教学大纲》和国家对外汉语教学领导小组办公室编写的《高等学校外国留学生汉语言专业教学大纲》。前者把功能分为六类 117 项。六类功能项目为：表达社交活动、表述客观情况、表达理性态度、表达主观感情、表达使令、社交技巧；后者把功能分为六类 100 项。六类功能项目为：社交表达、情况表达、态度表达、情感表达、使令表达、谈话技巧。不同的大纲在功能大类的划分上不存在分歧，但在功能数量和功能名称上存在出入。这主要是因为功能大纲只

---

① 朱永生、严世清：《系统功能语言学多维思考》，上海外语教育出版社 2001 年版，第 20 页。杨寄洲：《对外汉语教学初级阶段教学大纲》，北京语言文化大学出版社 1999 年版，第 290 页。

停留在抽象的定性描述阶段，而未进入精确的定量分析层面，功能大纲的制定是基于经验而非对真实口语的统计分析。

本书的第二章至第四章将在上述研究基础上描写五周岁儿童言语交际行为，从真实的会话语料中析取五周岁儿童的功能类别，把实现同一种交际目的的句子归在一起，然后进行统计分析。

（二）交际策略

1972年，Selinker在一篇关于中介语问题的论文中首次提出了"交际策略"这个术语，但对它的内涵和外延没有做出明确的界定。1976年，Tarone和她的合作者第一次提出了交际策略的定义和分类，认为交际策略指的是"当会话者在没有表达意义所需的（语言）结构时试图就意义相互达成的协议"[①]。Tarone等人的研究成果在该研究领域产生了很大的影响。20世纪80年代涌现了大量的论文和专著，交际策略理论不断丰富和完善。不同的研究者对什么是交际策略提出了不同的看法，他们或从心理语言学角度界定交际策略，或从交际的角度界定交际策略，但基本还是将交际策略局限在二语或外语交际的范畴内。1990年，Bachman拓宽了交际策略的内涵。他认为交际能力由语言知识和策略能力两大部分组成，因语言知识不足所采取的弥补措施只是策略能力的一部分。其中，语言知识包括结构知识和语用知识。策略能力包括目标确定、评价能力及策划、实施能力，它能将语言能力与语言使用者的知识结构及交际环境特征贯穿起来，调动语言能力的各个要素[②]。Bachman对交际策略的分析超越了外语学习的层面，将交际策略看作所有语言使用者的语言交际能力的一个表现。也就是说，不仅二语中存在和使用交际策略，一语或母语中也同样存在和使用交际策略。

外语教学界一直使用"交际策略"指外语学习者使用外语进行交际时所采用的弥补性措施，语用学界则使用"语用策略"指语言使用者选择达到交际目的的言语方式。徐盛桓认为语用策略就是话语策略，是为实现交际目的而采取的对策。钱冠连区分了语用原则和语用策略。他认为语用原则指的是说话如不遵守它们便引起交际失败的一套规则，语用原则管辖交际如何不失败；语用策略指的是说话遵守了它们便使交际更顺畅，使说话人的行为更符

[①] 王立非：《国外第二语言习得交际策略研究述评》，《外语教学与研究》2000年第2期。

[②] 张黎：《交际策略教学法研究——以"商务汉语口语交际"课为例》，《语言教学与研究》2011年第9期。

合社会规范的一套措施，它管辖交际如何更有效①。刘森林指出"策略"与具体语言表达方式的选择密切相关，如果语言使用者有意识地利用某种特殊语境和一定的语言方式产生的意义达到交际目的或者产生一定的语用效果，这个语言使用者就使用了一定的语用策略，也就是说，语用策略是语言使用者达到语言交际目的的各种各样的方式②。

本书的交际策略指的是为实现交际目的而做的语言选择，包括对策略的选择和对具体语言形式的选择。

欧洲理事会文化合作教育委员会 2008 年发布的"欧洲语言共同参考框架"将交际策略界定为"语言使用者综合运用自己的资源，发挥能力、组织活动，以满足当时交际情境的需要，并根据当时特定的交际目的，以最完美、最经济的方式成功地完成交际任务而采取的手段"③。儿童既是语言使用者也是语言学习者，我们希望通过大量真实语料的分析，探讨儿童如何选择交际策略实现自己的意图。

二 研究方法

（一）基于语料库的方法。我们充分利用现代化手段，将人工采集的语料制作成 45 万字左右的语料库，然后对儿童语言使用情况进行相关的数据统计和分析。

（二）对比研究的方法。我们将主要调查对象在不同情景中与成人、同伴的会话情况进行对比分析，从而发现制约儿童语言选择的因素。

（三）描写和解释相结合的方法。本书全面描写儿童的交际行为，并对五周岁儿童交际行为的特点进行解释和说明。

三 语料来源

（一）语料收集方法的变化

儿童语料收集经历了从日志记录到录音记录到影像记录三个阶段。初始阶段，学者们采用的是日志记录。日志记录为儿童语言研究带来了最初的繁荣，但是，日志记录无法收集大样本语料，而且完全依赖语料收集者的记忆

---

① 钱冠连：《汉语文化语用学》，清华大学出版社 2002 年版，第 51 页。
② 刘森林：《语用策略》，社会科学文献出版社 2007 年版，第 5 页。
③ 张黎：《交际策略教学法研究——以"商务汉语口语交际"课为例》，《语言教学与研究》2011 年第 9 期。

容易导致信息缺失,影响数据的真实性和可靠性。20世纪50年代,录音机出现,通过使用录音机,研究者可以获得大样本翔实的儿童语料,然而,早期录音设备便携性很差,不便录制动态的会话语料。当代数字录音、录像技术发展和存储技术的革新,则极大地促进了儿童语言研究的发展。

从语料获取的角度看,儿童语言研究有群案与个案、观察与实验、横向与纵向之分。早期的儿童语言研究中,个案研究是最为常用的研究方法,随着实验心理学的产生和发展,群案研究逐渐成为主要的研究方法。

个案纵向观察法是调查者使调查对象处在自由的活动状态下,详细记录他们在没有被干涉的情况下所说的话语,然后对搜集的语料进行统计并进行分析。个案纵向观察法能够详尽地观察儿童语言的发展变化情况,可以全面、细致地描写儿童语言发展过程中的语音、词汇—语义、语法、语用等问题,因此个案纵向观察在儿童语言研究中占有重要地位。早期的儿童语言研究者多以自己的孩子为研究对象进行追踪观察,如西方的达尔文、阿曼特和斯特恩,采用日志的形式详细记录了他们自己孩子的语言发展情况。国内也有陈鹤琴对他儿子的追踪研究和李宇明对其女儿的追踪研究。20世纪20年代,因为没有影像设备,陈鹤琴只能使用日志记录语料。80年代有录音设备可以使用,但当时的录音设备便携性能很差,因此调查者只能录制静态对话。当孩子逐渐长大,活动范围和活动方式跟着变化时,语料收集变得困难。

因为使用个案追踪法收集语料耗时耗力,对调查者有诸多要求,人们逐渐倾向于群案横向实验研究。横向研究,也叫横断研究,是对实验组和对照组在同一时间内就有关变量进行分析和比较的研究。在横向研究中,不同年龄组的个体不是同一批个体,但研究者用不同年龄个体的发展特征来代表同一批个体在不同年龄的发展特征。群案横向研究省时省力,但因为研究者人为地控制事件、地点、空间、主题、参与者性别与人数等与社会文化情境相关的某些变量,所以无法获取个体语言全貌研究资料,所得语料不便做深入研究。

语料是儿童语言研究的基础,要深入细致分析儿童语言,语料收集是关键。个案追踪观察的确费时费力,并且普适性不及群案横向实验研究,但这不足以让群案横向实验研究取代个案追踪观察。笔者认为,根据个人语言全貌研究得出的结论,远比只根据多个人的语言片段做出的结论更有价值,儿童语言研究应以个案剖析为主,辅以群案分析,即以群案验证个案结论。正如梅雷迪斯·D. 高尔等认为的,要选择一个或几个语例研究自然环境中的人的行为,对发生社会行为的背景作整体考察,在资料收集之后才形成概念和理论，通过分析归纳方法来分析资料，通过找出其他类似个案来概括从某一个案研究中得出的结论①。

（二）本书的语料收集

与语言学领域里发生的"话语转向"相似的是，儿童心理与教育研究领域发生了"生态转向"。"生态转向"认为在自然与文化的生态环境中研究儿童，才能揭示真实环境中的人的发展特点。实验室研究创设特别的条件，可以严格有效地进行研究，但却与客观的生活情景不相吻合。本研究受以上"转变"的启发，收集自然情境下儿童的会话语料。

本研究围绕主要调查对象收集材料，属个案研究。主要调查对象辛奕2005年5月出生，说普通话。笔者对辛奕的日常会话进行了为期一年的追踪录音。收集语料的工具是索尼的便携式录音笔，4G容量，可长时录音。录音笔佩戴在调查对象的身上，调查对象的活动范围和活动方式基本不受影响。语料收集注意到了时段、场景、活动内容。时段方面，上午、下午、晚上都有，分布均衡。场景方面，有在自己家或者邻居家的家庭生活场景，也有在小区、饭店、超市、公园游乐场等公共场合的场景，还有在兴趣班和幼儿园的教学场景，避免了因场景的单一重复而不能反映儿童言语交际的全貌。活动内容方面，语料涉及的活动内容广泛，在家有穿衣、吃饭、洗澡、看电视、玩玩具、写作业、跟同伴折纸、赛车、走迷宫、下棋、玩装扮游戏、玩电脑游戏、捉迷藏、看书讲故事等活动，在外有上课、户外玩耍、逛公园、探亲访友等活动，基本涵盖儿童的日常活动。

笔者总共采集到300多个小时共33.2G的音频材料，然后从中选择转写了时长约120小时的音频材料，共45万字。其中，五周岁儿童的语料有18万字。除主要调查对象辛奕外，调查还涉及辛奕的玩伴——9个五周岁的儿童。五周岁儿童18万字的语料中，主要调查对象的语料占15万，其余占3万。除五周岁儿童的语料外，异龄儿童语料有5万字，其中4个六周岁儿童的语料占3万字。

（三）说明

人物名称我们一般用人名开头的字母来标示。语料中，有长时会话记录的人物有：

1. X：辛奕，五周岁男孩，活泼好动，冲突型性格。

---

① ［美］梅雷迪斯·D. 高尔、沃尔特·R. 博格、乔伊斯·P. 高尔等：《教育研究方法导论》，许庆豫等译，朱永新审校，江苏教育出版社2002年版，第28页。

2. D：典典，五周岁男孩，辛奕的同学，活泼好动，冲突型性格。

3. AY：安熠，五周岁男孩，辛奕的同学，活泼好动，性格比较温和。

4. BY：伯宜，五周岁男孩，辛奕的同学，性格比较温和。

5. Q：丘丘，五周岁男孩，辛奕的玩伴，活泼好动，冲突型性格。

6. Y：扬扬，五周岁男孩，辛奕的同学，性格比较温和。

7. H：昊远，五周岁男孩，辛奕回老家认识的小伙伴。

8. YU：玥玥，五周岁女孩，辛奕的同学，冲突型性格。

9. MZ：美珍，五周岁女孩，辛奕的玩伴，内向型性格。

10. TX：彤欣，五周岁女孩，辛奕的同学，性格温和。

11. L：柳兴，六周岁男孩，辛奕的玩伴，活泼好动，冲突型性格。

12. T：涛涛，六周岁男孩，辛奕的玩伴，性格温和。

13. R：荣生，六周岁男孩，辛奕的玩伴。

14. AX：安新，七周岁男孩，辛奕的玩伴。

15. Yuan：媛媛，七周岁女孩，辛奕的堂姐，性格比较温和。

16. YK：扬蔻，八周岁女孩，辛奕的玩伴，冲突型性格。

17. B：辛奕的爸爸。

18. M：辛奕的妈妈。

19. LB：柳兴的爸爸。

20. LM：柳兴的妈妈。

21. DM：典典的妈妈。

22. YM：玥玥的妈妈。

23. QM：丘丘的妈妈。

24. XL：谢老师，女，辛奕幼儿园的老师。

25. F：付老师，女，辛奕幼儿园的老师。

26. S：石老师，女，辛奕兴趣班的老师。

27. O：欧老师，男，辛奕兴趣班的老师。

28. A：阿姨等女性。

29. SU：叔叔等男性。

第二章 陈述与询问

在绪论中,我们提到李宇明、周国光、孔令达等学者研究儿童语言,在语音、语义、语法等方面取得了比较丰硕的成果,但他们的研究未曾涉及对儿童言语交际状况的描写和分析。我们知道交际能力不等同于语言要素能力,只掌握语言要素并不能保证交际成功进行。五周岁儿童语言要素能力差别不大,但他们的交际能力可能差别很大,所以只描写儿童语言要素能力,不描写儿童运用语言的能力无法反映儿童语言学习和运用的真实情况。因此,本书借鉴语言教学里功能大纲的功能分类法,分陈述与询问、社交表达、谈话技巧、指令与提供、态度、情感表达六类,对五周岁儿童的言语功能类别进行描写、分析,以弥补既往研究的不足。

陈述和询问分别对应的是信息的给予和求取。陈述是一个开放类别,是用句子来判断、说明人或事物,叙述某种行为。陈述句有不同的表述重点和功能,可以分为判断陈述句、说明陈述句、描写陈述句、叙述陈述句、评议陈述句。人们用判断陈述句表述人或事物的性质、类属、关系等;用说明陈述句,说明人或事物的某种情况,如时空状况、功能、结构等;用描写陈述句,描写人或事物的种种状态;用叙述陈述句,叙述人或事物的行为、动作、事情的发展、变化等;用评议陈述句来评价、说理、论证人或事物的是非曲直,阐释道理。我们发现,儿童陈述过程中还会用到具有比较、列举等功能的言语表达形式,我们将它们作为陈述的小类一同进行描写。

语料中,五周岁儿童陈述和询问的使用频次,统计见表2-1。

表2-1　　五周岁儿童陈述和询问的使用频次

功能类型	陈述（开放类）						询问
	评议	说明解释	比较	描写	转述	举例	
频次	1167	258	273	31	32	28	3910

第一节　陈　　述

陈述是一个开放的功能项目,它的功能是向对方传递信息。

例1　X 我,我,我看过考拉。考拉,考拉妈妈带着考拉宝宝抱着睡觉。

例2　X 老师说今天要给我写十幅作业拿去交,她说不能擦掉。

例3　X 阿姨,玥玥把我的拆成这样啦。

例4　X 妈妈,我很不想一百岁。

例5　BY 我知道你的家在哪儿。

例6　D 我不喜欢我爸,我最喜欢我妈。

例7　X 我最讨厌吃甘蔗。

例8　X 这是我吃过的,这是我最喜欢吃的山楂片。

例9　X 她是大三班。

例10　X 有时我看到一个车子,后尾箱都撞烂啦。

　　　L 啊?

　　　X 有时我看到一个车子,后尾箱撞烂啦。然后一个车子飞上去。然后车子都全部烂了,车头没烂。

　　　……

　　　L 你爸爸告诉你的啊?

　　　X 对。我有时在路上看到,我坐在那个车子嘛。然后,他,他说的。然后我,跑到那里看。然后我这样,哇,撞得那么死啊!

陈述句有判断、说明、描写、叙述、评议,但具体交际中,陈述句的各类并不是泾渭分明的,如例10,有叙述、有描写也有评议。

一　评议

评价事物的性质或状态。典型的评议用形容词做谓语。常带程度副词"多、多么、好、真、太"、指示代词"这么""那么"和语气助词。

(一) 积极评议

使用具有积极义的词语评价事物的性质或状态。

例11　TX 小蝴蝶,真可爱!

例12　H 好精彩啊!

例13　X 好高兴,高兴得要命。

例 14　X 太容易啦。

例 15　D 奕奕，你会唱，唱的歌很好听，很好听。

例 16　MZ 这么漂亮啊，你剪得这么漂亮。

例 17　X 你比我爸爸还聪明诶。

例 18　X 我爸爸又厉害又强壮。

例 19　X 那我最能干。

（二）消极评议

使用具有消极义的词语评价事物的性质或状态。

例 20　X 很滑耶这里！玩滑板车不方便。

例 21　X 不爱护东西。

例 22　X 真的很难拼诶。怎么拼的呀？

例 23　X 糟啦，太多水啦。我做得太胖啦。

例 24　X 那么多口水。

例 25　X 哇！湿死啦！

例 26　X 我以为是那些人在工作。就这样，好吵，吵死人啦。

（三）中性评议

使用具有中性义的词语评价事物的性质或状态。

例 27　X 很远很远很远。

例 28　X 那么小，然后在上面，再往上面走就是涛涛的家。

例 29　YU 这个最大片啊。

例 30　X 好多坑啊。

例 31　X 好小啊。

例 32　X 这么多怪兽。

二　说明

说明人或事物的某种情况。

（一）说明原因或者理由

五周岁儿童经常使用"因为……"，"因为……所以……"向他人说明原因或理由。

例 33　DM 这些黑菜好吃啊。你怎么不要啊？
　　　　X 因为不想吃这些。很难吃。

例 34　YU 你，你等一下你就想，你看了你就想。

第二章　陈述与询问

　　X 不想，这又不好玩。滑板车没有那个踩的，等下会很累，所以就不想要。

（二）说明意图或情况的变化

儿童使用"本来……后来……"之类的格式向他人说明意图或情况的变化。

例35　X 我给杨蔻姐姐吃。本来我想吃的，后来我想要大方一点。

例36　L 因为这是我画的，要不我就回去了。
　　　X 那，好吧。本来不想的。

例37　X 能吃的，你看，我吃过好多遍了。本来我不想说的，我想让你吃。

例38　X 老师说星期三给我们喜羊羊的橡皮擦，但是后来没有。

（三）说明步骤过程

儿童已会使用"先……然后……再……"之类的格式，向他人说明步骤过程。

例39　（辛奕教美珍玩磁铁）
　　　X 来玩东西吗？用磁铁和磁铁来——，先拿一个软的，用磁铁来搞那个软的，然后再这样，移一下磁铁就会动。

例40　（辛奕教柳兴折纸）
　　　X 等一下我再搞一个给你啊。长方形的，先把它搞成长方形的。不用折嘛。然后再把它叠三下。然后再剪出你喜欢的东西就好了，也能剪桃心。

（四）解释

解释事物含义或解释现象。

例41　X 我这个是睡婆，这是坐婆。
　　　M 什么意思啊？
　　　X 就是这个是拿来睡觉的，那个是拿来坐的。

例42　X 有怪兽的就是历险记。

例43　X 这个线就是他留下来的 xv55 印。然后他爬到那里。这个正方形就表示在上面。

例44　X 妈妈，我久回来就是在玩，就说明在玩。

三　比较

五周岁儿童经常比较事物异同。常用词语和格式有：

（一）比

例 45　X 我的肉比你的多一点。你看！

例 46　X 噢35，她比你，她比你，她比你出生迟，晚一点。她比你出生晚一点，所以才会这样。

（二）比……还（更）……

例 47　X 白虎金刚比青龙金刚还厉害。

例 48　X 再画一个比它更大更大的。

（三）比较

例 49　X 还是用这个比较好，那个绞铅笔的比较好。

例 50　MZ 下去玩吧，外面比较好玩。

（四）和/跟……不一样

例 51　X 好像这个和这个，跟以前的不一样。

例 52　X 我的字跟你的字不一样。

（五）跟……一样

例 53　X 看下你的有多少了？跟我的一样。

例 54　X 嘣啊！嘣啊！嗖嗖！也跟那个大王一样。

（六）"像……"，"好像……"，"像（好像）……一样"

例 55　X 你看，你闻闻，好像橘子的味道，对不对？

例 56　X 像小乌龟，像蜗牛一样爬到我们那里。

例 57　X 好像玩黏土一样啊。

其中，（一）（二）（三）（四）属差异性对比比较，（五）（六）属同一性对比比较。

四　描述

描写人或事物的性质或呈现的情景、状态。

（一）描写事物特征

多用形容词谓语句。

例 58　X 对，不是，<u>好像玻璃一样的这个</u>。

例 59　X <u>长得像一个大象一样！鼻子长长的</u>。

例 60　Q 记得啊，我今天看过神兽金刚，里面有个螳螂将军。他能变成螳螂机械兽呢。<u>很高很高的，比篮球场的竿子还高呢</u>。

例 61　X 我没查到他走到哪里。好像，你看，你看，<u>它的眼睛是这个，这样子</u>。它在这里有两个眼睛，还有它的嘴巴和鼻子，它的眉毛是这样的，是横的不是竖的。

（二）描述处所

五周岁儿童能按空间顺序描述处所，语料中出现的格式是"外面是……里面是……旁边是……"

例 62　M 什么时候看到有桃花呀？
　　　　X 有，是粉红色的。
　　　　M 咦，你怎么知道啊？我不知道噢。是不是往那边走的，是取钱的那个地方？
　　　　X 是我们每次去阿婆的那个地方。然后外面嘛，然后有一个那个，然后那里有个石头。然后那里是，很里面是阿婆经常卖东西的那里。然后它的旁边一点点就看到一个桃树。那里就长了好多桃花。

五周岁儿童还能按"总述 + 分述"顺序进行描写，如例 63。

例 63　X 我知道在哪里买，我知道在哪里买橡皮泥。阿姨，我知道——
　　　　A 知道啊，在哪里啊？
　　　　X 在我的那个地方，我的商店，商店那里面有。我家有个，有两个商店，一个是在，一个，里面，一个是在外面，外面的是在超市，有橡皮泥。

五　列举

五周岁儿童已掌握常见的表列举的词语和格式。

（一）"还有……，还有……"

例 64　X 小猴子喜欢吃那个，嗯，红薯干，还有那个，那个，还有那个葡萄干，还有那个——
　　　　M 还有哪个？那下次我们就多买一点葡萄干、红薯干过去好不好？
　　　　X 还有那个橙子、橘子。

（二）"……啊/呀，……啊/呀"

例 65　M 没在泡泡里面，对不对？
　　　　X 嗨，又没在那些旁边啊，左边啊，右边啊，这些啊。
　　　　M 没在周围。

X 后面也没有啊，前面也没有啊。

例66　MZ 随便玩玩都可以，老鹰抓小鸡呀，玩猫抓老鼠啊。

（三）"……什么的"

例67　X 有些人，读小四班的时候，还拿了鱼那些的，蝌蚪啊什么的。

例68　X 还有那个很多很多那个饮料啊什么的。

（四）"……那些的"

例69　X 你忘记那些什么必杀术啊那些的。

例70　X 我不想看暴力摩托。我只喜欢马克斯魔法标记啊，赛尔号啊那些的。

六　转述

五周岁儿童已具有转述能力，能把一方的话转告给另一方。

例71　TX 我妈妈说不能和你打架噢。

例72　H 我妈妈说帮他买一个玩具。

例73　X 爸爸，妈妈说有点事情要跟你说。

例74　X 老师说今天要给我写十幅作业拿去交，她说不能擦掉。

第二节　询　　问

五周岁儿童已掌握询问的主要功能。

一　问数量、年龄、问温度、问时间

例75　X 有几个？

例76　X 有多少？

例77　X 他几岁呢？

例78　X 妈妈，阿婆几岁啊？

例79　X 几度？

例80　X 今天星期几啊？

例81　X 几点啦？

二　问姓名

例82　X 我看看，名字，你的名字，你的名字是什么？

例83　X 这是叫什么名字啊?

三　问性别

例84　X 山竹尊是男的还是女的呢?

四　问职业

例85　D 你爸爸是老师吗?
例86　X 你妈妈是做什么的?

五　问喜好

例87　H 那你喜欢什么?
例88　X 那你需要什么呀。那你喜欢什么?

六　问形状

例89　X 叔叔，橄榄球是什么样子的?
例90　X 你知道果园天尊是什么样子的吗?

七　问地点、去向

例91　X 妈妈，这是哪里?
例92　X 诶，我妈妈去哪啦?

八　问用途

例93　X 这个有什么用?
例94　X 哈哈哈! 好高兴噢! 十分! 噢，对啦! 用这个卡来干什么呀? 用这个卡来干什么呀?

九　问方式、方法

例95　X 怎么拼的呀，哈? 怎么拼的呀?
例96　X 怎么，怎么玩的呀? 这样玩啊?

十　问原因或理由

例97　X 怎么变成第九集啦?
例98　X 干嘛擦药膏啊? 干嘛擦药膏啊?

例99　X 为什么就不能去万紫家呢？

十一　问情况

例100　X 不是，下面。有个木板有个洞，正好有个洞，就会怎么样，岩浆就会怎么样？

例101　X 你在干嘛呀？

例102　MZ 他们怎么啦？

第三节　小　　结

儿童所有的言语行为不是陈述就是询问，也就是说，不是给予信息就是求取信息。其中根据是否具有主观性，可以分成客观表达和主观表达。五周岁儿童在判断和评议时会使用具有褒义或否定评价义的名词或形容词表达积极或消极的情感；在叙事时会使用具有褒义或贬损义的动词表达积极或消极的情感；在描写和说明时使用具有褒义或贬损义的形容词表达积极或消极的情感。

三至五周岁的儿童，语言表达的内容已从范畴间关系发展到事物间的关系。我们发现五周岁儿童，已经能够进行比较复杂的叙事表达。这种叙事表达或者出现在一个话轮里，或者出现在多个话轮里；儿童能比较多地向他人说明理由，对事物进行比较；能说明意图或情况的变化，使用说明性语言向他人讲解示范，对某个概念进行简单解释；能对事物或处所做简单的描述，会列举事物，并对他人的话语进行转述；经常使用询问来获取信息，但询问的内容受生活和认知的局限。

第三章　社交表达与谈话技巧

第一节　社 交 表 达

语言有维护人际关系的功能。言语交际中存在一些诸如打招呼、问候、祝愿、抚慰、致谢、道歉、告别等礼仪性的言语行为，它们的目的不在传递信息、表达思想，而是建立、维持、修复人际关系。

我们的语料里，五周岁儿童的言语交际中已出现的社交表达有见面打招呼、欢迎、介绍、问候、祝愿、致谢、道歉、抚慰、告别，它们的使用频次见表3-1。

表3-1　五周岁儿童各种社交表达使用的频次

类别	打招呼	问候	介绍	欢迎	祝愿	致谢	道歉	抚慰	告别
频次	91次	5次	4次	2次	5次	42次	25次	21次	28次

一　打招呼

例1　MZ 辛奕！
　　　X 嗨21。

例2　X（在幼儿园的操场）诶，陈立！
　　　C 干嘛？

例3　X 飞宇！
　　　L 你们在干什么？
　　　X 我们在玩。

例4　X 诶，张老师！老师！

ZL 啊，你好！
M 你好！你好！

儿童使用称呼语与对方打招呼，向对方表明"我"已经注意到他，或者向他人表明自己的存在。此时，打招呼者并没有特别的说话意愿。例1，美珍坐辛奕家的车去岭海画画。上车的时候，美珍叫了辛奕的名字，辛奕回应了一声"嗯"，美珍没有再说话。例2，放学后辛奕在幼儿园的操场上碰到同班同学陈立，辛奕跟陈立打招呼，陈立以为辛奕有事找他，回应说"干嘛"，辛奕没有回答。例4，辛奕在路上遇到张老师，他与张老师打了招呼后也没继续说话。不过，如果此时被招呼者有说话意愿，会话就可以继续下去。如例3，辛奕和彤欣在玩，同学飞宇突然出现。辛奕跟飞宇打完招呼后，飞宇立即对辛奕发起了问话，他不是问辛奕跟他打招呼的目的而是问辛奕和彤欣"你们在干什么"，然后辛奕做了回答。

二 问候

例5　MZ 阿姨好！
例6　X 曹阿姨晚上好！
例7　T 老师早上好！
　　　S 同浩晚上好！
例8　X 爸爸晚上好，辛老师晚上好！
例9　谢老师：上课！
　　　辛奕和其他同学齐声说：老师好！

成人见面打招呼经常会伴随问候，以此表达友好和关心。但儿童与他人打招呼通常只是一声称呼，少有问候。语料中只有几例问候，而且仅限于问候成人，这主要是因为平时家长经常要求孩子问候长者"阿姨好""叔叔好"……而不是问候小朋友"小弟弟好""同学好"……可见，儿童的语言学习与父母的教授和示范有很大关系。家庭是儿童接受语言社会化的重要场所，儿童在掌握语言的同时也掌握了话语交际的社会规则。

例7，晚上在岭海上兴趣班，学生T向石老师问好，但"晚上好"说成了"早上好"。例8，辛奕跟爸爸打电话，几分钟后突然对爸爸说，晚上好。以上问候明显带有操练性质，但儿童就是在这样的操练过程中逐渐意识到问候还需要分清问候的内容、时间、场合和对象。

例9，幼儿园老师宣布上课，辛奕和同学齐声向老师问好。课堂上，师生问候是必有形式。学校是儿童接受语言社会化的另一个重要场所。

三 介绍

例10　X 啊？怎么又是这个班啊？这个是什么东东啊？来这里干嘛啊？我叫辛奕。

见面时出现的自我介绍，语料中只此一例。不在会话开头出现的介绍还有下面几例：

例11　X（在田径场，对哥哥说）这是我妈妈。

例12　X（对哥哥说）我妈妈是中文系。

例13　X（指着正在打球的爸爸，辛奕对阿姨说）诶诶，是我的爸爸。
　　　A 噢。
　　　X 那叫辛××。

例14　H 小弟弟，来！
　　　X 干嘛？又来一个小柚子。我不是小弟弟，我是辛奕。

例15　X 喂，打错啦。
　　　H 我是昊远呐。

例11至例13，是儿童介绍他人。例14、例15的介绍带有澄清性质。对方不知道说话人的名字而以"喂"和"小弟弟"称呼说话人，说话人告诉对方自己的名字。

四 欢迎

例16　Q 谢谢你让我们坐你的车。
　　　X 不用谢，不用谢。
　　　M 咦，辛奕！
　　　X 请进！
　　　M 请进，你很能干，顶呱呱！
　　　X 那个欢迎光临！

例17　X 请进请进请进！
　　　DM 你看，多有礼貌。

对他人来访表示欢迎，是一种礼貌的行为。例16，丘丘第一次坐辛奕家的车，辛奕妈妈要辛奕大方、有礼貌。丘丘上车后对辛奕给他坐车表示感谢，辛奕回应说"不用谢"。辛奕妈妈对辛奕使用礼貌用语表示惊讶和高兴，辛奕受到妈妈鼓励，又接着说"请进"。妈妈表扬辛奕后，辛奕继续说"欢迎光临"。"欢迎光临"前面加了一个"那个"，说明辛奕是临时想到的。"欢迎光临"的使用，也说明除了成人的有意教习，儿童还能通过对日常生活的观察，将功能相同或相似的表达归为一类，并在日后相同或相似的语境中模仿使用。

辛奕表示欢迎的用语还处在记忆和操练阶段，成人的鼓励促使辛奕有意识地使用这类用语。几个月后，例17，典典坐辛奕家的车，典典一上车，辛奕连声对典典说"请进"，典典妈妈马上表扬辛奕有礼貌。受限于认知能力，儿童不能很好地认识社交语言的功能而主动运用，需要来自成人的提醒、鼓励和支持。

五 祝愿

例18　X 美珍，生日快乐！

例19　B 来！辛奕，快点！祝妈妈一路顺风，快点！
　　　　X 祝妈妈一路顺风！

例20　X 我要脱掉啊，诶，张老师！老师！
　　　　ZL 啊，你好！
　　　　M 你好你好！……真有礼貌，见到老师说"好"了对不对？不叫"好"行不行啊？
　　　　X 不行！妈妈新年好！

语料中出现的祝愿分别是生日祝福、送行时的祝愿和节日祝福。因为辛奕经常参加小区孩子的生日宴会，所以比较熟悉生日场合下的祝福语。例18，当美珍过生日要切生日蛋糕的时候，辛奕很主动地祝福美珍。这个时期，除了生日祝福外，儿童其他表祝愿的用语与表欢迎的用语一样都处在操练阶段，有时需要成人的引导。如例19，辛奕的妈妈坐车离开潮州时，辛奕爸爸教导辛奕祝愿妈妈"一路顺风"。例20，幼儿园开学后，辛奕在路上碰到张老师。辛奕因主动与老师打招呼而得到妈妈的表扬。辛奕受到妈妈的鼓励后，立刻祝愿妈妈"新年好"，但实际上春节早已过去。

与成人相比，儿童的祝福语要简单得多。我们看到儿童祝福语的学习与生活需要和语言输入频度有关。儿童经常参加生日会，所以听到最多以及使用最多的是生日祝福。日常道别场合多，但送别场合不多，送别也只是要求孩子说"再见"，所以"一路顺风"在语料中只出现一次。新年一年一次，新年祝福儿童不常听到也不常使用。

六 致谢及回应

例21　X 我送给你的花。
　　　　TX 谢谢！

例 22　BY 玥玥，谢谢你帮我找到这个。
例 23　Q 辛奕，你让我们坐车干嘛去啊？谢谢你，辛奕。
　　　　X 不用谢。去吃饭啊。
　　　　Q 谢谢你让我们坐你的车。
　　　　X 不用谢，不用谢。

语料中，相对问候语、祝愿语、欢迎语、致谢语是儿童用得比较多的礼貌语。五周岁儿童在接受他人馈赠或帮助时已能主动致谢，而且还能说明致谢的原因，如例 22、例 23，"谢谢你帮我找到这个""谢谢你让我们坐你的车"。

例 24　AY 阿姨给我倒茶。
　　　　M 噢。
　　　　AYM 妈妈给你倒好不好？
　　　　M 来来来来来来来！
　　　　AYM 怎么说？
　　　　AY 谢谢！
例 25　X（辛奕给玥玥、典典分发零食，玥玥与辛奕交换零食。）分享才好。谢谢玥玥！
　　　　YU 谢谢辛奕！
　　　　D 谢谢彤欣，谢谢奕奕，谢谢玥玥！
　　　　X 谢谢典典！
　　　　D 哎呀，我没给你，你先说谢谢。

儿童使用致谢语并非次次主动，有时还需成人提醒使用。例 24，安熠看到辛奕妈妈拿着茶壶，于是要求辛奕妈妈给他倒茶。辛奕妈妈给安熠倒茶时，安熠妈妈在一旁问安熠"怎么说"，意思是安熠应该向辛奕妈妈致谢。虽然安熠妈妈没有告诉安熠需要说什么，但安熠知道妈妈的意思，他立刻对辛奕妈妈说了"谢谢"。

儿童的致谢语也还处在操练阶段。例 25，彤欣、辛奕给玥玥、典典分发零食。随后，玥玥也给辛奕几个小朋友分发零食。辛奕主动向玥玥致谢，玥玥也向辛奕致谢，典典则分别向彤欣、辛奕和玥玥致谢。因为辛奕和玥玥是互致致谢的，当辛奕听到典典向他致谢时，辛奕也向典典致谢。但正如典典说的，典典没给辛奕东西，辛奕却先说了谢谢。

儿童幼时极少独立与外人交往，他们主要接受家长给予的照料，常常无须致谢。随着年龄的增长，儿童活动的范围逐渐扩大，与外人交往的次数明显增多。接受物品或帮助,按照社会规则必须道谢。由不道歉发展到道歉,此时的儿童还处在适应期,这是他们的道歉貌似不主动的原因。

七 道歉及回应

道歉指的是自己的言行对对方有所损害或妨碍而向对方表示某种歉意,求得对方的谅解,以弥补双方关系,并维护自己的社会形象。

例26　X 对不起啊。差点摔坏了。

例27　H 我帮你点。

　　　X（昊远的香碰到辛奕的手）啊!

　　　H 对不起!

　　　X 没事。好烫,好烫,好烫噢。

例28　L 不跟你玩啦。

　　　X 好吧。对不起,对不起啦,对不起啊。

例29　X 诶哟!阿姨,刚才那个典典用瓶子来扔我。这里!

　　　D 啊,对不起啊,对不起啊,对不起啊。

五周岁儿童意识到错误时能主动承认过失,向他人道歉。例26,辛奕发现自己差点摔坏涛涛的东西,他主动向涛涛道歉。例27,大年初一晚上,辛奕在昊远家玩烟花。昊远给辛奕烟花并帮助辛奕点燃烟花。燃放烟花时,昊远的香碰到了辛奕的手,昊远立即向辛奕道歉。辛奕礼貌性地回应说"没事"后,却又连呼"好烫,好烫"。

例26和例27比较特殊。涛涛比辛奕大一岁,友好懂规矩,是辛奕平时比较在意的朋友。昊远是辛奕新认识的朋友,在昊远家昊远给辛奕燃放烟花。这两个场景中,辛奕对同伴都有比较强烈的交往意愿,所以辛奕冒犯涛涛时能主动道歉。在昊远冒犯自己时,也能快速原谅昊远。

发生交际冲突时,面对对方的不满,儿童也并非次次主动道歉。例28,柳兴不满辛奕,威胁不跟辛奕玩,辛奕被迫向柳兴道歉。如例29,辛奕不满典典用瓶子打他而向典典妈妈告状,典典被迫向辛奕道歉。

例30　B 那你要跟典典说对不起,快点。

　　　X 典典,对不起。

　　　DM 噢35,没事,没事!

　　　D 没关系。

　　　M 那你帮他折。

　　　X 不能给他折。

例31　（X：辛奕，D：典典，A：阿姨，B：辛奕的爸爸。）
　　　　D 哎呀。
　　　　A 摔疼了吧，不能这样玩的。
　　　　X 没事吧？没事吧，朋友？
　　　　B 你把那个东西搞倒了是不是？
　　　　X 没有，他刚刚坐到那里然后他——
　　　　B 快跟典典说对不起。
　　　　X 对不起！
　　　　D 没关系！
　　　　X 放个大屁送给你。
　　　　……
　　　　X 给我好不好？你不给我，好，我不跟你好啦。给我！我不跟你好啦。
　　　　D 你刚才弄我。
　　　　X 对不起！
　　　　D 没有。
　　　　X 诶，你看，你刚刚坐在这里。然后我这样，然后你这样，嘣嘣崩崩！看这个，都怪它！
　　　　D 都怪你和它。

　　儿童的道歉并非次次有诚意。例30，在典典家的小店，典典和辛奕各折了一个纸飞机。典典把辛奕的纸飞机撕了，辛奕向典典妈妈告状。典典妈妈说没关系，重新折就行。辛奕听典典妈妈说没关系，把典典的纸飞机也抢过来撕掉了。辛奕和典典因此要打架。辛奕的爸爸妈妈训斥辛奕说，打架不乖就回家，以后也不要再来典典家玩，辛奕不同意，他坚持要来典典家玩。辛奕爸爸要辛奕向典典道歉，辛奕立即道歉。但妈妈说要辛奕给典典补折飞机的时候，辛奕回答说"不能给他折"。辛奕的回答说明辛奕还在生典典的气，他向典典道歉不是出自真心。

　　再看例31，辛奕跟典典玩音乐摇摇车，典典从车上摔下来，辛奕赶紧问典典"没事吧"，以此表示关心。辛奕爸爸认为是辛奕的错，要辛奕向典典道歉。辛奕辩解不成，只好向典典道歉。典典回应说"没关系"，辛奕却紧接着说"放个大屁送给你"。一会儿后，辛奕要典典给东西，但典典还记得他摔跤的事情。为了平息典典的不满，让典典答应给他东西，辛奕赶紧向典典道歉，但典典不接受。接着，辛奕又两次向典典辩解说典典不能怪他，要怪只能怪车子。辛奕随后的辩解也说明辛奕并没有认为是自己让典典摔跤的。

八 抚慰及回应

例32　AY 不要玩啦！停一下！
　　　X 没事吧？

例33　X 怎么办？盖子不见啦！盖子不小心被我搞皱啦！
　　　D 不见就不见啦。没事，没事！

例34　X 不跟你玩啦，你总是搞我摔跤啦！
　　　MZ 给你一个橡皮泥。没关系吧？没事吧？

　　五周岁儿童在对方发生不如意的事情时，已能使用抚慰语关心、安慰对方。例32，辛奕、安熠几个小伙伴挤在一起打闹玩耍。安熠突然感觉不舒服，要求停止游戏，辛奕关切地对安熠说"没事吧"。例33，辛奕把典典的盖子搞坏了，辛奕有些过意不去，典典抚慰辛奕说"没事"。其中例34最有意思。辛奕不满美珍令他摔跤，为了平息辛奕的不满，美珍赶紧给辛奕橡皮泥做补偿，并关切地问辛奕"没关系吧，没事吧"。这说明五周岁孩子无意侵犯他人后，已经知道用关心表示道歉，并且还会以给对方提供物质补偿的方式来消除对方的不满。

　　儿童的语言学习，除了成人有意教习，还有一个途径就是观察、模仿周围人的语言表达。和表示欢迎一样，儿童的抚慰表达"欢迎""请进""没事吧"，是儿童通过观察和模仿学会的。日常生活中，家长和老师经常教习孩子使用"对不起""再见""谢谢"，但很少人会教习孩子使用"欢迎""请进""没事吧"。因为儿童会观察、模仿周围人的语言表达，所以良好的语言环境、成人言语行为的正确示范对儿童学习语言有很大的影响。

九 告别

例35　X 我回家了。我去下面喽。拜拜！

例36　B 跟老师说再见了。
　　　X 老师再见！

例37　X 我回去啦。
　　　Q 又不跟我说再见。
　　　M 辛奕，你看你没礼貌。你出来没有说再见。

例38　QM 丘丘，跟叔叔阿姨再见。
　　　Q 再见！

M 再见！

QM 跟辛奕也说再见。

Q 辛奕再见！（大声）

QM 他不高兴，小孩真好玩。

Q 你以后别想再见到我了。

X 以后我再也不跟你好了。

五周岁儿童已会主动使用告别语，如例35。儿童使用告别语，有时仍需成人提醒。如例36，在岭海画画结束后，辛奕转身想走，辛奕爸爸叫住辛奕，要辛奕跟老师说再见。例37，当辛奕不向丘丘告别就离开时，遭到了丘丘的不满和妈妈的批评。

告别是尊重对方，向对方表示友好的一种礼貌行为，但例38的告别却不友好。例38，丘丘坐辛奕家的车回家，在车上丘丘与辛奕发生争执，辛奕多次驱逐丘丘，要丘丘下车。下车的时候，正常情况下，丘丘会主动跟辛奕道别。但发生冲突后，丘丘在妈妈的要求下被迫跟辛奕说"再见"，丘丘说"再见"的时候异常大声，紧接着丘丘就威胁辛奕说"你以后别想再见到我了"。与道歉言语行为一样，交往意愿影响告别言语行为的实施。没有交往意愿或交往意愿较弱时，儿童往往不欲维护自己在对方心中的形象，任凭关系遭受破坏。反之，则会积极修补关系。

第二节 谈话技巧

口语交际需要建立信号、保持信号发送和接收畅通。谈话技巧指的是跟信号建立、保持和接收有关的技巧。五周岁儿童已掌握的谈话技巧有引起注意发起会话、请求重述、支持性言语反馈和修正，语料中它们的使用频次见表3-2。

表3-2　　　　　五周岁儿童各种谈话技巧的使用频次

引起注意	请求重述	支持性言语反馈	修正
864次	275次	256次	276次

一　引起注意

（一）发出通话信号，引起对方注意

会话存在会话发起方和回应方。在我们的语料中，五周岁的儿童能以陈

述/评议、询问、要求、不满等多种形式发起会话。在发起会话时，他们经常使用"诶""哎""嘿"之类的预示会话信号，使用"我跟你说""你看"之类的标记词或使用姓名、社交称呼向对方发出通话信号，引起对方注意。

语料中，五周岁儿童预示会话信号，标记词，姓名、亲属或社交称呼的使用频次见表3-3。

表3-3 五周岁儿童"引起注意"的类型及使用频次

预示会话信号（诶、哎、嘿）	标记词		姓名、亲属或社交称呼
	我跟你说	你看	
220次	34次	280次	330次

例39　X（对柳兴说）诶，我打针了，也没哭。就打一针，这里没有打，脚也没打。

例40　X（对美珍说）哎，有一个人很厉害，有一百分。我有一百，别人有一百分。

例41　X（对玥玥说）嘿，这是谁的呀？

例42　AY（安熠对辛奕说）我跟你说，咦，队长被我选了。

例43　X（对妈妈说）你看，月球撞成这样。（自语）不要画太多啦。月球，bang21！ga33lang33，ga33lang33，ga33lang33。擦掉！月球搞成这样啦！又搞了一下。妈妈，你看，月球撞成这样了。

例44　X 柳兴，你刚才去哪了？我怎么找不到你？

例45　X 哈哈哈哈，有时我同学说，有时，阿姨，阿姨，我有时看到我一班里，一个同学好搞笑。

例45，在车上，辛奕直接向阿姨发话，要告诉阿姨幼儿园同学的趣事。当辛奕说到"有时我同学说"时，他发现阿姨没有注意听他讲话，然后他通过插入称呼语，两次呼喊"阿姨"获得阿姨的注意。

（二）打断对方说话，争抢话轮

使用预示会话信号，标记词，姓名、亲属或社交称呼，不仅可以发起会话，还可以用来转移话题或者用来打断对方说话，争抢话轮。

例46　（AY：安熠，五周岁男孩。X：辛奕。）

　　X 诶，还有一件事，嗍，我跟你说——　　　　　　　　　(1)

　　AY 我跟你说，很好笑的，你看——　　　　　　　　　　(2)

　　X 你看，看我的，大力拳！嗍，哇，很搞笑的对不对？　　(3)

AY 对，我是大力士，嘣啊嘣啊。	(4)
……	
AY 奕奕你看，奕奕你看——	(5)
X 我要拿 map，map 就是地图。	(6)
AY 奕奕——	(7)
X map，map，map 就是英语。我坐过船，我坐过船，船——	(8)
AY 奕奕，我跟你说——	(9)
X 我这里有好多赛车。谁要赛车噢？	(10)
AY 我要。	(11)
X 那你刚刚又说不要？	(12)

例46，话轮1，辛奕想继续跟安熠说事，辛奕使用"诶""我跟你说"吸引安熠注意。但是安熠也有话急着跟辛奕说。话轮2，安熠使用"我跟你说"和"你看"打断辛奕说话。话轮5，安熠使用"奕奕你看，奕奕你看"吸引辛奕注意。辛奕正关注地图，没有回应安熠的话。话轮7，安熠对地图不感兴趣，他继续呼叫"奕奕"。辛奕仍然只关注他的地图，没有回应安熠话。话轮9，安熠又一次使用"奕奕，我跟你说"吸引辛奕注意。话轮10，辛奕说有很多赛车，问谁要赛车。话轮11，安熠回应说"我要"。安熠无法引起辛奕对他的注意，最后不得不放弃他的话题。

例47 （D：典典，五周岁男孩。X：辛奕。）

D 辛奕，跟你说，我的朋友是叫雷晃。	(1)
X 我跟你说，然后他们说，美女帅哥们请坐好。	(2)
D 我跟你说，我的朋友是叫雷晃。	(3)
X 住在哪里的？	(4)

例47是典典和辛奕的一段闲聊。话轮1，典典想告诉辛奕他有一个朋友名字叫雷晃。典典以呼唤辛奕的名字，并使用"跟你说"的方式来吸引辛奕的注意，发起会话。但此时辛奕正对音乐摇摇车里面发出的声音很感兴趣。话轮2，辛奕没有对典典的话做出回应，反而使用"我跟你说"，告诉典典音乐摇摇车里正在说的话。话轮3，典典没有回应辛奕，他重新使用"我跟你说"发起会话。话轮4，辛奕接过典典的话题，问典典的朋友雷晃住哪。

例48 （D：典典，五周岁男孩。X：辛奕。）

D 奕奕，我妈妈要发巧克力。	(1)
X 诶，这个可不可以送给我？	(2)
D 可以。	(3)

　　　　X 耶！诶，你看，变身器，变身铠甲合体！　　　　　　　（4）
　　　　D 奕奕，我妈妈要拿两个巧克力，一个给你，一个给我。（5）
　　　　X 哪有啊？　　　　　　　　　　　　　　　　　　　　（6）
　　　　D 在这边，这边的上面。　　　　　　　　　　　　　　（7）

例48，话轮1，典典告诉辛奕典典妈妈要发巧克力。辛奕对变身器很感兴趣没注意听典典说话。话轮2，辛奕问典典能不能送给他变身器。典典见辛奕没回应巧克力的事，话轮5，他又重新告诉辛奕。话轮6，辛奕对典典的话做出回应。

儿童在发起会话时也经常辅助身体接触，展示行为，给予物品、目光接触等非语言形式，如例49：

例49　（L：柳兴，六周岁男孩。X：辛奕。）
　　　　X（辛奕拿着装小乌龟的玻璃罐对柳兴说）你看，我把乌龟装在这里啦。
　　　　L 那它死了吗？
　　　　X 没有，它都累死啦。没睡觉，饿死了，吃东西，两次都饿死了。
　　　　L 那你有没有给它吃东西？
　　　　X 有啊。

二　请求重述

在会话过程中，由于没注意听，听不清或者听不懂对方的话语内容，说话人发起重述请求。常用重述请求语有"什么""嗨35""嗯35""啊35"。被请求方接到请求后，会根据请求方的情况，完全重述之前的话语内容或对话语内容做一些调整后再重述。语料中，五周岁儿童重述请求语的使用频次见表3-4。

表3-4　　　　　五周岁儿童重述请求语的使用频次

什么	嗨35	嗯35	啊35
194次	15次	8次	58次

（一）没注意听

例50　（B：辛奕爸爸，X：辛奕。）
　　　　B 要在这里玩一下吗？
　　　　X 嗯35？

B 要在这里玩一下吗？
　　X 哪里啊？
　　B 就在这里。

早上，辛奕爸爸开车送辛奕去幼儿园。因为时候还早，路过滨江长廊的时候，辛奕爸爸问辛奕要不要在河边玩一下。辛奕没注意爸爸说话，他回应说"嗯35"。爸爸知道辛奕没注意听，他重述了之前的问话。

　　例51　（H：黄依航，五周岁男孩。X：辛奕。）
　　X 快点，给我玩百变魔王啦！
　　H 啊35？
　　X 百变魔王！

在画画兴趣班，辛奕完成手工后，问依航要玩具玩。依航没注意辛奕的问话，回应说"啊35"。辛奕又重述了一次。

（二）听不懂

　　例52　L 假如你抱宝宝出来看，假如宝宝看得很怕（仿幼儿叫声）。
　　X 什么？
　　L 假如它看到我很怕，假如我是迪加。

柳兴和辛奕玩装扮游戏。他提出让辛奕抱宝宝出来看，然后宝宝看见他之后很害怕，"呦呦"叫起来。话轮1，柳兴没表达清楚他的意思。辛奕听不懂"宝宝看得很怕"是什么意思，回应"什么"，请求柳兴重述。柳兴意识到辛奕没听懂他的话。话轮3，柳兴调整表达说"假如它看到我很怕"，并补充说宝宝看见他很怕，因为自己是迪加奥特曼。

　　例53　（YM：玥玥妈妈，X：辛奕。）
　　YM 上去了。
　　X 什么？
　　YM 玩其他的好不好？
　　X 什么？
　　YM 我们都要上去了，你玩其他的好不好？
　　X 嗯35？
　　YM 好不好？
　　X 好，去上面玩！
　　YM 去上面玩啊？
　　X 嗯。

辛奕在西区操场跟玥玥玩，玥玥妈妈要玥玥上楼回家。玥玥妈妈说"上去了"。辛奕回应说"什么",表示不理解"上去了"是什么意思。玥玥妈妈要辛奕在操场玩其他的,意思是玥玥要回家了,不能再跟他玩。辛奕不懂"其他"是什么意思,又回应说"什么",要求玥玥妈妈重述。玥玥妈妈把前后两句连起来对辛奕说"我们都要上去了,你玩其他的好不好"。辛奕知道玥玥要上楼回家了,但是他还是不懂"玩其他的"是什么意思,又回应说"嗯35"。当玥玥妈妈再次重复问"好不好"的时候,辛奕以为玥玥妈妈是在问他要不要一起去楼上玩,他回答说"好,去上面玩"。

例 54 (MZ:美珍,五周岁女孩。X:辛奕。)

  X 能搞什么呀,搞圆形? (1)
  MZ 可以搞什么东西都可以。 (2)
  X 什么? (3)
  MZ 你想搞什么都行。 (4)

辛奕问美珍用橡皮泥来搞什么。美珍想说"可以,搞什么东西都可以"。但是话轮2中第一个"可以"后没有停顿,辛奕听不懂美珍的意思。辛奕回应"什么"表示听不懂美珍的话。话轮4,美珍对话轮2的内容进行了调整。

三 支持性言语反馈

会话需要交际者相互配合才能顺利进行。说话人提供信息时,听话人要对说话人的言语做出反馈。这种反馈并不以取得话轮为目的,它只表明对当前说话人话语的关注和接收或表明自己对说话人所提供信息的态度。李悦娥在《话语分析》里把它叫作支持性言语反馈,分为一般支持性言语反馈和高度支持性言语反馈两种。具有反馈功能的词语叫作反馈支持语。反馈支持语一般都是一些十分短小的回应语,但却是合作交谈的重要组成部分,可以帮助提供相关信息或帮助他人进行话语修正。

(一)儿童语言中的一般支持性言语反馈

语料中,五周岁儿童能使用"噢21""嗯21""呣21"等反馈支持语对说话人的言语做出反馈。

例 55 (L:柳兴,六周岁男孩。X:辛奕。)

  L 栽花! (1)
  X 这个? (2)
  L 栽花就有好多钱,栽花就有好多钱。 (3)
  X 噢21。 (4)

　　　　L 栽花，栽花！　　　　　　　　　　　　　　　　　　（5）
　　　　X 呣21。　　　　　　　　　　　　　　　　　　　　　（6）
　　柳兴和辛奕在玩电脑游戏。柳兴发现了栽花游戏，他告诉辛奕栽花游戏是可以积分挣钱的游戏。话轮4，辛奕回应"噢21"表示明白。话轮5，柳兴决定玩栽花的游戏。话轮6，辛奕回应"呣21"表示同意。

　　例56　（XL：幼儿园谢老师，X：辛奕。）
　　　　XL 这样就可以做一只小鸟。　　　　　　　　　　　　（1）
　　　　X 我不想折小鸟。　　　　　　　　　　　　　　　　　（2）
　　　　XL 这样就可以做一只小鸟。　　　　　　　　　　　　（3）
　　　　Q 我想折小鸟。　　　　　　　　　　　　　　　　　　（4）
　　　　XL 这是小鸟的尾巴和头，那我们折蜗牛就这样，你看，这样，如
　　　　　　果你要做那个小鸟，这样就是一只小鸟，但是我们把两个翅膀
　　　　　　折下来变成一只蜗牛，你看，这小鸟的尾巴和头——　　（5）
　　　　X 我想折蜗牛。　　　　　　　　　　　　　　　　　　（6）
　　　　XL 你听，你没有听。　　　　　　　　　　　　　　　　（7）
　　　　X 这是蜗牛的尾巴。　　　　　　　　　　　　　　　　（8）
　　　　XL 你看，你看！这样，然后用剪刀把它剪开变成触角。呣33，
　　　　　　这样就是一只小鸟，但是我们要折蜗牛，把它的翅膀呢往里边
　　　　　　折。看，你看！　　　　　　　　　　　　　　　　（9）
　　　　X 噢21。　　　　　　　　　　　　　　　　　　　　　（10）
　　　　XL 你看，两边。　　　　　　　　　　　　　　　　　（11）
　　　　X 我家里有个新的——　　　　　　　　　　　　　　（12）
　　　　XL 你看，好大！　　　　　　　　　　　　　　　　　（13）
　　　　X 蜗牛！　　　　　　　　　　　　　　　　　　　　　（14）
　　　　XL 然后把它剪成什么，剪成一对触角。　　　　　　　（15）
　　　　X 呣21。　　　　　　　　　　　　　　　　　　　　　（16）
　　幼儿园里谢老师在教小朋友折小鸟和蜗牛，她先教小朋友折小鸟，然后教小朋友加两个步骤，把小鸟变成蜗牛。话轮2，辛奕对丘丘说他不想折小鸟。话轮5，谢老师告诉小朋友，小鸟的翅膀只要往里面折就可以变成蜗牛。但是辛奕只想着折蜗牛，没有仔细听谢老师说。话轮6，辛奕告诉老师他想折蜗牛。话轮7，谢老师批评辛奕不听老师讲话。话轮9，谢老师又重复了一遍怎么由小鸟变成蜗牛。话轮10，辛奕回应"噢21"。"噢21"有"原来是这样"的意思，这说明辛奕已经明白怎么由小鸟变成蜗牛。话轮10，辛奕的回

应让谢老师明白辛奕已经理解她的意思。谢老师继续教辛奕折蜗牛。话轮16，辛奕回应"嗨21"，表示他正在倾听。

例57　（在柳兴家，柳兴给辛奕讲故事。）

　　　L 要听，不听我就不讲啦。　　　　　　　　　　　　　　　(1)

　　　X <u>嗨21</u>。　　　　　　　　　　　　　　　　　　　　　　(2)

　　　L 我讲的故事是猫和老鼠。　　　　　　　　　　　　　　　(3)

　　　X <u>好</u>。　　　　　　　　　　　　　　　　　　　　　　　(4)

　　　L 从前，有一天。猫和老鼠他们在玩。听小松鼠说有一个大聚会，第一到那里就有大王的奖励，就永远是大王，然后老鼠呢，猫很懒，猫说，不要啦，还是你叫我来起床吧。好，我叫你，我叫你，你睡觉吧。他们睡着了。老鼠第一个起来，看——　(5)

　　　X <u>嗨21</u>。　　　　　　　　　　　　　　　　　　　　　　(6)

　　　L 不要总是这样子好不好?　　　　　　　　　　　　　　　(7)

　　　X <u>也能这样啊</u>。　　　　　　　　　　　　　　　　　　　(8)

　　　L 妈妈，我不讲啦。他总是开小差，我不讲了。　　　　　(9)

　　　LM 辛奕要专心听。　　　　　　　　　　　　　　　　　　(10)

　　　L 他总是看其他书。　　　　　　　　　　　　　　　　　　(11)

　　　LM 辛奕，专心听啊。　　　　　　　　　　　　　　　　　(12)

　　　L 然后猫起来，最后到。　　　　　　　　　　　　　　　　(13)

　　　X <u>啊35</u>?　　　　　　　　　　　　　　　　　　　　　　(14)

　　　L 然后猫就哭了，然后就跟老鼠不好啦，就不跟老鼠是好朋友了。

　　　　　　　　　　　　　　　　　　　　　　　　　　　　　　(15)

　　　X <u>不能这样，对吧</u>。　　　　　　　　　　　　　　　　　(16)

在柳兴家，柳兴给辛奕讲故事。话轮1，柳兴要求辛奕要听故事。话轮2，辛奕回应"嗨21"表示会听。话轮3，柳兴说要讲猫和老鼠的故事。辛奕回应说"好"表示同意。柳兴开始讲故事。讲到一半，柳兴发现辛奕在看其他的东西就停了下来。话轮6，辛奕回应"嗨21"，表示他还在听，柳兴可以继续讲下去。但柳兴不满辛奕开小差。话轮13，柳兴继续讲故事。当柳兴说到"猫最后到"时，辛奕回应"啊35"，说明辛奕没想到猫会最后到，这一反应也说明辛奕很关注故事发展。柳兴继续讲故事。话轮16，辛奕评议了故事里猫的行为。

例58　（D：典典，五周岁男孩。X：辛奕）

　　　D 辛奕，这两个总是很坏。　　　　　　　　　　　　　　　(1)

X 对。 (2)

D 他就是打我。 (3)

X 嗨35? (4)

D 他用灯弄我这里。 (5)

X 我叫逸骧哥哥把他打得落花流水。 (6)

D 他叫很多人耶，他们两个好多朋友的耶。 (7)

X 哇塞! (8)

辛奕在典典家的小店玩。话轮1，典典对辛奕说刚刚进来的两个哥哥很坏。话轮2，辛奕回应说"对"，表示同意典典的说法。话轮3，典典告诉辛奕两个哥哥会打他。话轮4，辛奕回应说"嗨35"，这里的"嗨35"有惊讶，不相信的意思。话轮5，典典进一步告诉辛奕两个哥哥用灯弄他。话轮6，辛奕表示要叫他小区的逸骧哥哥来帮典典打他们。话轮7，典典说两个哥哥有很多朋友。话轮8，辛奕回应说"哇塞"，表示惊讶。

（二）儿童语言中的高度支持性言语反馈

儿童在会话中，不但会向对方表示正在倾听，还会对对方的言语内容表达认可、进行评价，有时还会给对方提供相关信息或帮助对方完成话轮。这些都属于高度支持性言语反馈。如例57和例58中的"好"和"对"，说话人用它来表示认同对方的话语。

例59 （辛奕看妈妈做包子，他问妈妈怎么会包包子。）

M 我要学啊，什么东西都要学啊，学了就会啊。

X 你怎么学一次就可以了?

M 我学了很多次啊，刚开始的时候我觉得好难啊，我都不会包呢。

X 然后?

M 然后我就去学。他们就教我。我说好难啊，就像辛奕一样是不是，这个字好难写。后来写写——

X 就可以。

M 就可以写了，就可以包了，对不对?

X 这样这样，本来我不会，本来我会写9嘛，一下忘记了，一下又记得了。

例60 （LS：兴趣班的老师。老师要求给画贴上名字。）

LS 跟老师说，你有没有帮他们写名字，贴上去的，没有，你——

X 我自己写。

LS 问他们，把名字写在后面，嗯，帮他们写，他们有一些——

X 不会。

例59、60，辛奕分别帮助妈妈和老师完成话轮。

四　修正

儿童不仅经常犯语言错误，也会经常修正语言错误。会话修正是儿童必须掌握的能力。会话修正包括修补，是会话中的一个主要组成部分。修正是排除阻碍、保护会话继续进行的唯一方法。修正不仅对会话的维持、话语的扩展起着十分重要的作用，而且还能够使儿童在修补过程中学会考虑听者的心理状态。

从发起修正是说话者还是听话者角度划分，会话修正可分为自我修正和他人修正。自我修正是说话人意识到了自己表达的不足，对之前的话语进行解释说明和补充；他人修正是听话人没有听清说话人所表达的意思，说话人在听话人的要求下再次重复内容，或者对所说内容进行解释。

语料中，五周岁儿童修正的类型及使用频次见表3-5：

表3-5　　　　　　五周岁儿童修正的类型及使用频次

自我修正 （252次）	自我修正 （121次）	修正发音错误
		修正应急表达
		修正不合原意的表达
		修补缺漏
		不懂如何表达，直接中断，换用熟悉的表达
		他人发现错误
	他人引导的自我修正 （131次）	他人听不清、听不懂
		澄清他人误听、误解
他人修正（24次）		修正语音错误、修正词语错误

（一）自我修正

儿童修正的错误类型有语音错误、搭配错误、语义错误和语序错误。修正的方法可分为矫正个别词语、重新组合、重新开始、补充信息使表达更准确清楚。

1. 同一话轮里的修正

（1）修正发音错误

例61　X 喂，发生什么事了？哎哟，糟啦！总是要买那么差的玩具。八

guai214，光子精灵八 guai214，八百块一个才不会坏。对吧，对不对，啊？

辛奕说"八百块"时，"百"的发音受"块"的影响发不好。辛奕意识到了这个错误，对它进行了修正。

（2）修正不精准的应急表达

例62　X 妈妈，<u>也不能在洗衣服的地方</u>，洗衣机，把手伸到进去，伸进去。

辛奕的意思是不能把手伸进洗衣机。他一时想不出"洗衣机"这个词，就用"洗衣服的地方"来表达。他刚说完便想起了"洗衣机"这个词，立即做了替换。

例63　X <u>还有没有，还有没有那个东西</u>？那个糖，刚刚吃的那个。还有没那个刚刚吃的糖。还有没有啊？

辛奕一时想不出"糖"这个词，就用"那个东西"来表达。刚说完他又想起来了，然后用"糖"替换了前面的"那个东西"，使表义更准确。接着又补充说明，"是刚刚吃的那个"。因为前面的表达有些凌乱，辛奕最后换用了重新组织后的连贯表达"还有没那个刚刚吃的糖"。

（3）修正不符合原意的词语或句子

①更换名词

例64　X 本来我还有一个红色的枪，还在我老家那里，<u>在我外那个</u>，我奶奶的那个房里。

辛奕跟昊远说他有一支红色的枪放在老家。辛奕觉得没说清枪具体在哪里，想补充说是在奶奶的房里。因为辛奕经常跟外婆在一起，他把"奶奶"说成了"外婆"。辛奕说到一半的时候就意识有错误，然后做了更换。

例65　M 不是，还有一个。还有一个，去哪啦。还有一张纸咧？

X <u>写了一</u>，写了字的纸已经被撕掉啦。

M 丢哪去啦，放哪去啦，啊？

X 撕到柳兴那里折东南西北。

妈妈问辛奕写了字的纸条在哪儿。辛奕受妈妈问话里多次出现的"一"的影响，答话时出现口误，把"写了字的纸"说成了"写了一"。辛奕发现错误后，立即做了更换。

②更换表时间的词语

例66　X 爸爸，请给我吃柚子。妈妈，<u>以后</u>，等一下给我看乐比悠悠。

辛奕要求妈妈给他看电视。他想一会儿后就看电视，但他说成了"以后"。辛奕发现错误后,将"以后"更换成了"等一下"。

  例67 X <u>以前,我现在,刚刚,中午的时候</u>,我睡觉的时候好吵啊,嘣嘣嘣嘣嘣。

  辛奕想跟柳兴说工地施工影响他中午睡觉。辛奕一连更换了几个表时间的词语"以前""现在""刚刚"都觉得不合意,最后确定使用"中午"。

③更换代词

  例68 X 彤欣来一下,来一下。如果他们再这样的话,你就不要给他们坐你的车。我刚刚跟彤欣说,如果你们这样总是说人家的话,<u>我就,你,她就</u>不要给你坐车,坐她的车。

  在彤欣家的小车上,辛奕不满典典吵闹,要求彤欣不要给典典坐她的车。跟彤欣说完话,辛奕转身告诉典典,如果典典再吵,彤欣就不给他坐车。辛奕想说是彤欣不要给典典坐车,结果说成了"我"。辛奕意识到错误后,做了更换。

  例69 N 你那个借我好不好?

      X <u>这个借我</u>,借你,借你,你你又借我什么呀?

  辛奕拿玩具到西区玩,小朋友要求借辛奕的玩具玩一下。辛奕想跟小朋友说"借你,你又借我什么呀"。受小朋友"借我好不好"的影响,辛奕把"借你"说成了"借我"。辛奕意识到错误后,马上做了替换。

④更换量词

  例70 Q 你把<u>一枝花</u>,一片花瓣上的水吹到另一片花瓣上了。

⑤更换动词

  例71 X <u>我还看</u>,我还听过王小二的故事呢。妈妈,今天又要听你讲王小二的故事。

  看故事,听故事,这两种搭配都可以,但是辛奕是想让妈妈给他讲故事。辛奕觉得"看故事"不符合他要表达的意思,就换用了动词"听"。

⑥更换副词

  例72 X 妈妈,妈妈,你带这个干嘛呀?

      M 削铅笔啊。

      X 谁要削呢?

      B 爸爸不是买了一个削铅笔盒了吗?

      M 原本拿过来的时候就有。

      X 可是买了一个铅笔盒<u>不是只有</u>,也有削铅笔的吗?

  春节去东莞伯父家,辛奕妈妈随身带了一个铅笔刀。辛奕问妈妈为什么带铅笔刀，妈妈回答说要削铅笔。辛奕认为自己的铅笔盒里已经有铅笔刀，妈妈不用再拿铅笔刀。他跟妈妈说铅笔盒里也有削铅笔的，他把"也有"说成了"只有"。辛奕发现错误后立即换上了正确的词语。

  例73 M 咦，这么漂亮的熊猫袜子，你脚脚变两只熊猫了。
     X <u>那本来，明明</u>就不是熊猫。
     M 明明就不是熊猫啊？这不是熊猫吗？两个黑黑的眼睛。这不是熊猫吗？

辛奕嫌袜子不好穿。因为袜子上面有两个像熊猫眼睛的图案，妈妈说那是漂亮的熊猫袜子，但是辛奕认为不是。辛奕先用"本来"，发现意思不对，就换用了"明明"。

⑦重新表达

  例74 X hm53！<u>以后不要来你，不要让你来我的车子上</u>。总是那样，把我的东西都那样。

美珍不小心把辛奕的玩具坐坏了，辛奕很生气。辛奕想说以后不要让美珍坐他的车子，结果却说成了以后不要坐美珍的车子。辛奕话说到一半发现错了，就重新表达。

  例75 X 恶魔知道优玛有力量打败特救队。
     M 啊，是吗？
     X 对。
     M 有什么力量，嗨？
     X 有魔法呀。
     M 有魔法吗？
     X 有啊，<u>但是我也不知道会不会把别人</u>，我看到，那时候我看到那里有一集，一个优玛嘛，把别人变成了那个狗。

睡觉前，辛奕跟妈妈说动画片晶码战士。他说恶魔知道优玛有力量打败特救队，所以恶魔要抓优玛。妈妈问有什么力量，辛奕说有魔法。辛奕见妈妈有些不相信，他举例说有一集优玛把人变成了狗。辛奕急着回答妈妈，"但是我也不知道会不会把别人"话说到一半，他发现这不能表达他的意思，就换用了另一种表达，用他在动画片里看到的情节来证明优玛真有魔法。

（4）修补缺漏

①补漏

A. 修补主语

  例76 D 这个很好看，我昨天看看那个什么，它有梁山炮。

X 我刚刚他说，我刚刚看到说，他说，那个什么朱雀兽。
　　辛奕想跟典典说"我刚刚看到他说那个什么朱雀兽"，但却说成了"我刚刚他说"。辛奕发现没说清楚是看到的，就重新说"我刚刚看到说"。辛奕发现没说清楚是谁说的，又在后面补充说"他说"。

　B. 修补定语中心语
　例77　D 不要晚上才去你家，你家住在哪里？
　　　X 东丽 B，离你们很近的，离你们小店很近的。
　　典典问辛奕家在哪，辛奕回答说在东丽 B，并告诉典典，他家距离典典他们很近。辛奕发现表达不够准确时，又补充说是离典典家的小店很近。

　C. 修补谓语
　例78　H 吃饼干吗？
　　　X 不要。我妈妈说，我吃饼干的时候，我想吃饼干的时候，她，那时候我想吃饼干的时候，她就说我。
　　昊远问辛奕吃不吃饼干。辛奕回答说不要，然后向昊远说明原因，是妈妈不给他吃饼干。辛奕没有想好怎么表达，一次补充说"想吃"，意思不是正在吃饼干的时候，而是向妈妈要求吃饼干的时候，一次补充说"那时候"，指那是以前发生的事情。

　D. 修补状语
　例79　MZ 积分卡干嘛的？
　　　X 那回家，如果我星期五到了，最先到了，最先到了画画的地方老师就会给我奖二十分。
　　美珍问辛奕积分卡有什么用处。辛奕告诉她，积分卡是周五他去学画画，老师奖励他的。他发现他还没说清楚是怎么奖励的，又补充说明奖励积分卡的条件是要最先到教室。

　E. 修补叙事顺序
　例80　X 在我家，两个，本来我送给一个我的好朋友，但是我又把它拿，我又那个。他本来也有一个炎龙铠甲，我才一个，然后我又把它拿回去了，就是我总是变成两个炎龙铠甲。
　　辛奕想告诉昊远他本来想送一个炎龙铠甲给他的好朋友，但是后来他发现他的好朋友已经有炎龙铠甲，而且除了炎龙铠甲以外还有很多铠甲玩具，于是他把他朋友的炎龙铠甲拿回家了，所以现在他家里有两个铠甲。辛奕最想表达的是他有两个铠甲，因此，数量短语"两个"在他还没想好怎么表达时就已经脱口而出。辛奕想把整件事情说清楚，于是他便按事情的起因、发展、结果顺序叙述这件事。"本来我送给一个我的好朋友""但是我又把它拿,我又那个——",炎龙铠甲本来要送人结果却拿回来了,辛奕觉得没把拿回炎龙铠甲的原因讲清楚,就又补充说明原因"他本来也有一个炎龙铠甲,我才一个,然后我又把它拿回来了"。

②明确指代

例81　X 爸爸,<u>那个图图以为宝贝是买的</u>。爸爸,那个图图以为他是买的不是生的,呵呵。

辛奕想告诉爸爸大耳图图以为自己是买的不是生的。但他先说的是"那个图图以为宝贝是买的",辛奕觉得宝贝指代不明确,爸爸有可能听不懂。于是辛奕用"他"代替"宝贝",并在"是买的"后面添加了"不是生的",重新说了一遍。

(5) 不懂如何表达,直接中断,换用熟悉的表达

例82　X 我们不要比赛,<u>我们,我们要</u>,不要比赛,我们不要比赛。

辛奕的爸爸要辛奕跟柳兴比谁吃饭吃得快。辛奕想用"不要A,要B"的格式来表示拒绝,但是"要B"的内容他没想好,于是直接中断,只表达"不要A"。

例83　X 你怎么不把项链拿出来呢?

　　　M 干嘛要把项链拿出来?

　　　X <u>可能你把项链拿出来,你不把项链拿出来很热吧?</u>

辛奕觉得妈妈的项链挂在衣服里面,贴着皮肤会热,拿出来会凉快一些。他一时想不起"凉快"这个词,就换用了一个他熟悉的表达,但结构反而比之前的要复杂。

2. 在后一话轮里,对前面的错误进行修改

例84　(BY:伯宜,五周岁男孩,X:辛奕。)

　　　X 彤欣的小店。

　　　BY 对啊。

　　　X <u>不是,是彤欣的工厂。</u>

　　　BY 对。

　　　X 我刚刚说错了。

辛奕跟伯宜说要去彤欣的小店,伯宜回应说对。辛奕发现自己说错了,修改说是彤欣的工厂。这里辛奕用"不是A,是B"进行修正。

例85　X 等下你帮我做地雷。

　　　M 我在做事情,等我做完事情。

X 明天？

M 好，明天。

X 不不不，我说错了。你做完事情。

辛奕让妈妈帮折纸。妈妈回答说要等妈妈做完事情。辛奕说明天，妈妈答应了。辛奕突然意识到其实不要等到明天妈妈就能把事情做完，他连说几个"不"，直接说"我说错了"，然后修改他之前的意思。

（二）他人引导的自我修正

1. 由他人发现错误，引导说话人进行修改

例86　XL 那这是什么？

X 羊。

XL 是不是羊？

X 是，呃——，牛。

例87　X 我还自己睡觉。

M 你还自己睡觉？那你说的噢，以后记得了啊，自己睡觉。

X 白天，白天。

M 白天晚上都是。

X 啊？

辛奕白天自己睡觉，晚上跟爸爸妈妈一起睡。他向典典夸耀自己能干，说能自己睡觉。辛奕妈妈反问辛奕"你还自己睡觉"，然后要求辛奕说话算话，以后自己睡。辛奕赶紧更正说"自己睡觉"只是"白天"而已。

2. 他人听不懂或没听清

例88　X 妈妈，婷婷姐姐上次送给我的礼物是什么啊？　　　　(1)

M 什么？(2)

X 上次。　　　　　　　　　　　　　　　　　　　　　　(3)

M 唵21。　　　　　　　　　　　　　　　　　　　　　　(4)

X 去年送给我什么礼物？　　　　　　　　　　　　　　　(5)

M 唵35？　　　　　　　　　　　　　　　　　　　　　　(6)

X 婷婷姐姐去年送我什么礼物？　　　　　　　　　　　　(7)

M 不知道啊。　　　　　　　　　　　　　　　　　　　　(8)

X 啊？忘了吗？　　　　　　　　　　　　　　　　　　　(9)

M 唵21。　　　　　　　　　　　　　　　　　　　　　　(10)

去伯父家之前，辛奕爸爸要辛奕想好送什么东西给婷婷姐姐，因为婷婷姐姐以前送过礼物给辛奕。辛奕想不起婷婷姐姐送了什么礼物给他，就去问妈妈。妈妈在做事，没注意辛奕说话的内容。话轮2，妈妈问辛奕刚刚说的是什么。话轮3，辛奕只强调说"上次"。话轮4，妈妈回答"呣21"，等待辛奕继续说下去。辛奕以为妈妈不懂"上次"指什么时候，他用"去年"替换了"上次"。但是因为句子里省去了婷婷姐姐，妈妈没听明白，她又接着回应说"呣35"。辛奕知道妈妈没听明白，就重新把意思说了一遍。辛奕的修补和重述，让妈妈知道了他的意思。

例89　X 那个蓝猫还有一个切割机，割了一个葫芦的那个。为什么他切
　　　　　割石头，与人更近，与那个切割机近一点呢？　　　　　　(1)
　　　　M 哪个？　　　　　　　　　　　　　　　　　　　　　　　(2)
　　　　X 大家，割的时候，为什么离那个，切割机近？　　　　　　(3)
　　　　M 你说那个，那个拿切割机的那个人是不是啊？　　　　　　(4)
　　　　X 为什么？　　　　　　　　　　　　　　　　　　　　　　(5)
　　　　M 那他不离近一点，他怎么切得了呢。　　　　　　　　　　(6)

辛奕跟妈妈说在《蓝猫淘气三千问》里他看到切割机能把钢铁切断。妈妈告诉辛奕切割机很危险，要离切割机远一点。辛奕弄不明白为什么蓝猫又能接近切割机，但他不知道怎么表达这个意思。妈妈不明白辛奕要说什么，话轮2，妈妈问辛奕"哪个"。辛奕知道妈妈听不懂，就变换了表达，说"割的时候，为什么离切割机近"。

例90　B 老奶奶很能干，很好的啵。
　　　　X 以前，爸爸怎么夸她呀？
　　　　B 啊？
　　　　X 她爸爸怎么夸她呀。
　　　　B 很能干。

爸爸跟辛奕说奶奶很能干很好。辛奕想问奶奶的爸爸怎么夸奶奶，但说的时候没有指明是奶奶的爸爸。辛奕听爸爸"啊35"了一声后，知道爸爸没弄明白他的意思。辛奕把之前的话重新说了一遍，并在"爸爸"前加上她，明确指奶奶的爸爸。

3. 澄清他人误听、误解

例91　X 爸爸怎么还没回来呀？
　　　　M 那爸爸要工作嘛，要挣钱嘛。要不然我们的车子又挨饿了。
　　　　X 这样，hm53！我不喜欢辛松。
　　　　M 你不喜欢辛松啊？
　　　　X 我说车子。

辛奕的爸爸去打球了。辛奕问爸爸怎么还没回来。妈妈解释说爸爸要工作，要挣钱，要不然没有钱给车加油。辛奕回答说，我不喜欢辛松禾。妈妈误以为辛奕不满爸爸没回来就说不喜欢爸爸。辛奕回答说"我说车子"，澄清不喜欢辛松禾的是车子而不是他。

例92　X 那有没有碟，有没有碟子？

　　　　D 飞碟啊？

　　　　X 碟子，VCD 那些的，有没有？

　　　　D VCD 啊。

在典典家，辛奕想放碟看动画片，他问典典有没有碟。典典以为是飞碟。辛奕重复说碟子，并举例说 VCD，意思是影音光碟。

（三）修正他人

1. 语音修正

（1）修正声调

例93　(Yuan：媛媛，辛奕的堂姐，7周岁。X：辛奕。)

　　　　X 好痛，不是好疼（51）。

　　　　Yuan 好疼（35）。

　　　　X 对，别人说痛也能说疼。

例94　(XL：幼儿园谢老师，X：辛奕。)

　　　　XL 啊，对。那有几种分法？六种分法。好，来，你看，7 的组（55）成。

　　　　X 7 的组（21）成。

　　　　XL 对，7 的组成。

例95　(T：兴趣班同学，五周岁。X：辛奕。在岭海上画画课时，有小朋友吵着上厕所。)

　　　　X my god! my god! 怎么又有一个？

　　　　T 那么多，我刚才才小便（55）。

　　　　X 小便（51）不是小便（55）。

例96　(O：欧老师，岭海画画兴趣班老师。T：兴趣班同学，五周岁。X：辛奕)

　　　　O 以后呢，我们上课，上到途中有歇息的时候我们再来上厕所啊，集体去啊，要不然的，一个走，一个进，一个走，一个进，这样的话就影响大家画画，明白没有？

　　　　T 明白！

X 应该是明白（轻声）才对吧！

O 嗯，太聪明了。

T 有吗？是聪明（轻声）才对。

(2) 修正韵母

例97　D 反正你要给我玩我就可以给你吃。

X 吃，是吃（chi）不是吃（che）。

例98　L 在踢足球啊，还有这个，大草人。

X 稻草人！

L 还有公鸡。

X 稻草人不是大草人！

例99　L 怎么还没有好啊，这个傻笨蛋。

X 竟敢说傻笨蛋，你竟敢说我的婴儿傻笨蛋。

L 这是我的婴儿（e）诶。

X 是婴儿（er）不是婴儿（e）。

2. 词语修正

例100　M （它说）太危险了别碰对不对？手太脏了洗下手就行了嘛。我这里有水槽，厨房有水龙头，厕所——

X 卫生间。

M 有水龙头对不对？都可以洗手嘛。

例101　X 搞得稀巴烂。怎么搞的呀？

D 是雷晃搞的呀，他不爱东西。

X 不爱护东西。

第三节　小　　结

本章主要描写五周岁儿童语言中出现的社交表达类型以及他们掌握的谈话技巧类型。

第一节描写社交表达类型。言语交际中存在一些诸如打招呼、问候、祝愿、抚慰、致谢、道歉、告别等社交表达，它们的目的不在传递信息、表达思想，而是建立、维持、修复人际关系。五周岁儿童与成人见面，通常只是简单的一句称呼，儿童之间的见面则多是直接会话或直接参与活动，因此语料中有关问候的语例非常少。儿童绝大多数时间是与熟悉的人交往，语料中主动介绍自己的例子只有一例,被动介绍自己的例子有两例,主动介绍他人的例子有三例。实际上即便是成人在日常生活中也不常使用自我介绍。儿童之间的串门十分随意,如果有客人来访,一般都由父母接待,因此语料中表示欢迎的语例只有两例。语例数量很少的还有祝愿。语例数量较多的是致谢、道歉、关心抚慰和告别。

通过分析五周岁儿童的社交表达,我们发现受认知能力和社会化程度的限制,儿童多数社交表达尚处在操练阶段,在操练过程中儿童逐渐意识到社交表达需要分清时间、场合和对象;儿童使用社交表达不完全主动,有时需要成人提醒。家庭和学校是儿童语言社会化的重要场所,成人的教授和示范影响儿童的语言学习,儿童在掌握语言的同时也掌握了话语交际的社会规则;语言环境影响儿童语言学习。除成人的有意教习,儿童还能通过对日常生活的观察,将功能相同或相似的表达归为一类,在日后相同或相似的语境中尝试使用。

第二节描写儿童掌握的谈话技巧。口语交际需要建立信号、保持信号发送和接收畅通。谈话技巧就指的是跟信号建立、保持和接收有关的技巧。我们发现有四种谈话技巧为五周岁儿童高频使用,它们分别是引起注意、请求重述、支持性言语反馈和修正。儿童已经学会使用"诶""哎""嘿"之类的预示会话信号或使用"我跟你说""你看"之类的标记词或使用姓名、社交称呼引起对方注意。使用预示会话信号,标记词,姓名、亲属或社交称呼,不仅可以发起会话,还可以用来转移话题,或者用来打断对方说话,争抢话轮。在会话过程中,由于没注意听,听不清或者听不懂对方的话语内容,儿童能发起重述请求。如果儿童作为被请求方,接到重述请求后,能根据请求方的情况,完全重述之前的话语内容或对话语内容做一些调整后再重述。会话需要交际者相互配合才能顺利进行。儿童在说话人提供信息时,已能使用支持性言语反馈语对说话人的言语做出反馈,以此表明对当前说话人话语的关注和接收或表明自己对说话人所提供信息的态度。会话修正包括修补,是会话中的一个主要组成部分,修正对会话的维持、话语的扩展有十分重要的作用。儿童已经具备一定的会话修正能力,他们能进行自我修正或他人引导下的自我修正,能进行自我修正也能修正他人。掌握以上四种谈话技巧,儿童能比较顺利地发起会话、清除话语理解障碍,保护会话正常进行。

第四章 指令与提供

指令的特点就是要求对方"按我说的"做。指令都具有强迫性，但不同类型的指令句，强迫程度不同。命令、禁止是有意增强指令的强迫性。请求、劝诫是有意减少指令的强迫性，增强指令的商议性。既不有意增强指令的强迫性，也不有意增强指令的商议性的是要求。劝说是从正面通过说明理由、做出保证或预示后果来劝人做某事或不做某事，或使人对某种事情表示同意。威胁是说话人用令听话人不如意的事情逼迫对方屈从，它是增强指令强迫性的一个重要手段。警告是说话人预示对方行为可能导致的不利结果，试图阻止对方的言行。提醒是好意提示对方，使对方注意某事，避免忘记和失误。我们根据语料库中儿童指令的特点，把指令分成9个小类。指令和提供的使用频次统计见表4-1：

表 4-1　　　　　五周岁儿童指令和提供的使用频次

功能项目	频次	功能项目	频次	功能项目	频次
命令/禁止	278/457	威胁	223	提醒	84
要求	1437	警告	48	提供	176
请求/劝诫	486/69	催促	130		
劝说	42	挑衅	15		

第一节　指　　令

一　命令/禁止

（一）命令

儿童强制对方执行指令，语气坚决、态度强硬。此类指令通常在情势紧急或不满状态下发出，或由权势关系中的强势方发出。通过增大音量、加快语速，实词选择、句式选择、语句重复等方式可以增强指令的强迫性。

  例1 X <u>收掉，收掉！现在收掉，收掉！收掉收掉！</u>收掉了，不要再玩啦！

  例2 X <u>走开！</u>哎呀，搞我！

  例3 X <u>滚出去！下去，下去，你下去！</u>

  例4 X <u>哇，住手！</u>欺负人家，欺负人家不讲理。

  例5 X 来！玥玥！<u>你把这个把它按上去！</u>快，<u>你把这个把它按上去！</u>是你搞的呀！

"给我+动词词组"态度最强硬，也最具不满意味。

  例6 BY 哇，给我滚！

  例7 X 给我闭嘴！

  例8 X 你排队，你给我排好队，你给我排好队！嘿，你给我排好队！玥玥你是最小的。你给我排好队！

语句中出现一个词组的多个重叠，有强调的作用。

（二）禁止

  儿童使用"不要""别""不准""不能"之类的词语，强制要求对方不实施某个行为或要求对方终止某个行为。说话人语气坚决、态度强硬，通常心有不满。

1. 不要

  例9 X 太多了！不要给我这么多！

  例10 X 不要破坏花草树木！

  例11 X 不要总是给我冲冲冲！

2. 别

  例12 N 别碰它！

  例13 X 嘘嘘，别吵啊！我爸爸在钓鱼耶。别吵啦！别吵啦！别吵啦！别吵啦！别吵啦！别吵啦！

3. 不准

  例14 N 不准擦！

  例15 X 不准泡！泡了我全部哭脸都给你。

4. 不能

  例16 X 脏话！脏话脏话脏话！不能说脏话！

  例17 X 不能戳到别人的眼睛！

二　要求

不受其他因素影响，说话人直接发出指令，语气自然，既不增加强迫性，也不增加协商性。

例 18　X 妈妈，<u>来看我跳绳</u>。
例 19　X 妈妈肚子痛了吗？<u>从一数到十，就可以不打嗝</u>。
例 20　X <u>这样，要使劲一点</u>。
例 21　TX 唱给我听，唱一遍给我听。
例 22　X 诶，<u>等一下你用棍子帮我捞一下那个系统</u>。<u>把它这样，你看，扭扭扭把它扭到下面</u>。
例 23　X <u>让我看一下这个</u>。
例 24　X <u>叫你爸爸按警察把他抓起来</u>。

三　请求/劝诫

（一）请求

协商式地提出要求，语气和缓。

1. 带表商议的语气词"吧"、"嘛"

例 25　X 诶，点读机。妈妈，<u>走吧</u>。
例 26　X <u>我们来玩转圈圈吧</u>。转过身子。我们来玩转圈圈吧。
例 27　X 给我，<u>送给我嘛</u>。

2. 使用疑问句形式

（1）……，好吧？

例 28　X 诶，虎虎生威。虎虎生威。我们两个选喜羊羊，好吧？

（2）……，好吗？

例 29　X 借我好吗？
例 30　X 我和你混在喜羊羊的那里，好吗？

（3）……，好不好？

例 31　X 快点，合体吧，合体好不好啊？
例 32　X 爸爸等一下你给我买光子精灵好不好？好不好？

（4）……，行不行？

例 33　D 喂，你在干嘛？你给我一点行不行？
例 34　YI 帮我剪一下行不行？

(5) 可不可以……?

例35　X 诶,这个可不可以送给我?

例36　X 可不可以借我一下笔啊,胶带?

(6) 能……吗?

例37　X 怎么搞的,能给我折吗?

例38　X 能给我一只吗?不过你的快要完啦。

(7) 能不能……?

例39　X 能不能送给我一些啊?

例40　X 爸爸,你能不能把它搬到这里?好不好?好不好?

3. 使用"请""麻烦"

例41　X 妈妈,请帮我把垃圾桶拿过来。

例42　X 妈妈,请给我把蛋糕搞出来,好不好?

例43　TX 麻烦你把它放在裤子上面。

4. 使用"求你"乞求对方

例44　X 能不能?求你啦。

例45　AY 叔叔,你来帮我好吗?叔叔,你来帮我好吗?求求你啦。

例46　X 我有橡皮泥!求你给我玩一玩啊?我都说小气鬼喝凉水,早上起来变魔鬼,求你啦。

(二) 劝诫

要求对方不要实施某个行为或要求对方停止某个行为,语气比较和缓。

1. 带表商议的语气词"吧""嘛"

例47　X 别玩暴力摩托吧。

例48　X 啊,我们不去吧,我们不去吧。

例49　X 不要摸他嘛。

例50　X 还是不要玩暴力摩托吧,还是不要玩暴力摩托车嘛。

2. 使用疑问句形式

例51　X 不要说好醒嘛,好不好,妈妈?

例52　X 诶,你等下不要开电好不好?

例53　X 能不能不要总是重新来重新来嘛?

例54　X 不要看我折。诶,能不能不要看啊?

例55　Y 我们不去许生家,怎么样?不去许生家。

3. 使用"求你"乞求对方

例56　X 还太热?求你不要放啦。不要放啦,不要放啦。

四 劝说

通过说明理由、做出保证或预示后果来劝人做某事或不做某事，或使人对某种事情表示同意。

例 57　（M：辛奕妈妈，X：辛奕。辛奕劝说妈妈带他去西湖玩。）
　　　　M 你今天去找谁玩？
　　　　X 找丘丘玩，去西湖喂鱼。
　　　　M 等爸爸回来骑白龙马带我们去吧。
　　　　X 你骑黑龙马过去嘛。<u>我做你的指南针。你以前黑天不是到琪俊家时去过，你忘记啦？</u>

例 58　（L：柳兴，六周岁男孩，X：辛奕。辛奕劝柳兴吃肉。）
　　　　L 不要啦。
　　　　X <u>你是哥哥呀，不然你就长不高，也没有肌肉。</u>
　　　　L 我最讨厌吃。

例 59　（YU：玥玥，五周岁女孩，X：辛奕。辛奕劝说玥玥给他笑脸贴贴纸。）
　　　　X 等下能不能给我笑脸？
　　　　YU 不行。
　　　　X <u>每个人都要一个贴贴纸，不然就不知道是谁的啦。</u>

例 60　（D：典典，五周岁男孩，X：辛奕。辛奕劝说典典不要批评伯宜。）
　　　　D 他看到什么东西都要，对不对？
　　　　X 不要总是说他，<u>等下他哭啦。</u>

五 威胁

通过拒绝给予、拒绝交往、拒绝服从、给予惩罚等可能让对方不如意或利益受损的事逼迫对方，使之屈服。威胁是增强指令强迫性的一个重要手段。经常使用"不然""……的话"，然后陈述可能不利的结果。

（一）威胁对方，要对方做某事

例 61　X 快说出来！<u>不然把你扔到下面去。</u>
例 62　X 给我好不好？你不给我，<u>好，我不跟你好啦。</u>给我！<u>我不跟你好啦。</u>
例 63　X 我已经没有五块钱啦。给我嘛。<u>好，不给你走了。</u>

例 64　YU 你不要这小我就等一下不给你大的,你要小的我就等一下给你大的。

(二) 威胁对方,要对方不做某事

例 65　X 能不能不要说这些?不然我不邀请你来我家。

例 66　X 不能这样。不然就惩罚妈妈每天在这里扫地。一个月。

例 67　X 你不能骗我。骗我就打死你。

例 68　X 你不能再打破了。再打破我要要要你赔很多诶。

例 69　X 呸,那你这样的话,我就跟你妈妈说。

例 70　X 如果你再破坏地球的话,我就一炮打死你。

例 71　X 喂!你敢咬我的手?对你不客气了!

六　警告

说话人预示对方行为可能导致的不利结果,试图阻止对方的言行。

威胁和警告有相同之处,就是对方的行为可能招来不利后果。不同的是,威胁是强调说话人采取行动逼迫对方屈服。警告是说话人向对方预示其行为可能产生的不利后果,试图使对方停止当前行为,但说话人不一定采取行动逼迫对方。

五周岁儿童经常使用"等下""不然",然后接着陈述可能不利的结果,以此表达对他人的警告。

例 72　X 骗人。你这样没有的。打到眼睛,你就死啦。

例 73　X 不要这样。等下,等下你打,打到我的这里,等下你就完蛋啦。

例 74　X 打到哪里啊,哈?你,真是的!等下你这样你会输的。等下你这样你会输的。

例 75　X 等下你不得吃啦,别怪我。不能再扔啦!

例 76　X 总骗我,骗我两次你们鼻子会长的。

例 77　X 吃饭前不能到处乱跑,不然肠子绞起来。

例 78　Y 最好不再弄我的!

七　催促

要求对方快点行动。儿童经常使用"快","快 V","快点 V","马上 V","赶快","赶快 V"之类的词语表催促。

例 79　X 还是去买吧。快点买吧。你不买当然,真的就要那样咯。

例 80　X 快点,偷偷的。快来给我吃啊!

例 81　X 快点，顶不住啦！快点，快点啦。还不快点？
例 82　MZ 辛奕，赶快剪。
例 83　X 赶快做作业。等下就有多时间，等下做完作业就能跟我玩。
例 84　X 噢，怪兽！快跑啊！赶快赶快！你看，这个后面，你看。

八　挑衅

故意惹事，引起冲突。

五周岁儿童已会使用"V 呀 V 呀""V 又怎么样""谁怕谁""你敢"之类的词语来表示不惧怕对方。

例 85　X 打呀，打呀？我告诉你爸爸听。你爸说一巴掌把你打得飞上天。
例 86　X 你赶啊，把我赶出去啊？赶啊，你赶啊，你把我赶出去啊？
例 87　X 毁了又怎么样啊？
例 88　X 弄湿又怎么样啦？跟我说这个事啊，哈？
例 89　X 不听就不听。谁怕谁啊！你打我呀？你敢打我，我踢死你！你敢，你敢呀？打我呀？
例 90　X 说我干嘛？怎么啦？怎么啦？我比你高诶。你还说？

九　提醒

好意提示对方，使对方注意某事，避免忘记和失误。

（一）常带语气词"噢""啦"

例 91　X 把它放出去噢，你记住噢，一定要把它放出去。
例 92　X 啊，不要搞到狗屎喽。
例 93　X 不要戳到自己的眼睛噢！
例 94　X 下雨的时候可不能跑噢。

（二）小心

例 95　TX 小心！这里会摔倒的。
例 96　X 妈妈，小心点！不要滑倒啦。

（三）"不是……吗？"

例 97　X 你不是说过了吗？
例 98　X 等一下，你不是说能讲那个什么开心？
例 99　X 不是有灯吗？有灯。

（四）"你还没 V 呢！"

例 100　X 妈妈，还没买拼音大卡片呢！

例 101　X 喂喂喂，你还没把饭吃完呢！

（五）"……，等下……"，"……，不然……"

例 102　X 慢慢吃，慢慢吃，等下你呛到啦。

例 103　X 别人的东西不要动。等下搞坏啦，被人家说你啦。

例 104　X 然后一定要洗手，不然你的手会很苦很苦。

例 105　X 不要把它全部涂完，不然你就拿不了。

第二节　提　供

给予物品或服务。

（一）使用动词"给"

例 106　AY 给你汉堡包。

例 107　D 辛奕，我给你装个最好的东西。

（二）使用动词"帮"

例 108　BF 对啊，拿住，一样拿起来。我帮你拿。

例 109　H 快没电啦。我来帮你。

例 110　MZ 来，我帮你打开。

（三）使用反复问句"要不要"

例 111　D 橡皮筋你要不要？全部给你吧。这个可以吃的，糖，跳跳糖。给你吃的。

例 112　X 好啊，给你折一个。给你这个，能折东南西北，要不要？给你吧。

例 113　X 要不要去我家车上，要不要坐我的车？

例 114　X 植物大战僵尸这里，要不要玩？

第三节　小　结

本章主要描写五周岁儿童的指令。

强迫性增强的指令就是所谓的命令、禁止。商议性增强的指令就是所谓的请求、劝诫。既不有意增强强迫性又不增强商议性，在自然状态下发出的指令就是要求。从统计的数据来看，儿童使用得最多的指令形式是要求。我们发现五周岁儿童能通过威胁警告逼迫他人屈从，也能友善地通过说明理由、做出保证或预示后果来劝人做某事或不做某事或使人对某种事情表示同意。他们会有意招惹是非，滋生事端，也会友善地提醒他人注意避免失误。

第五章　态度与情感表达

第一节　态　　度

儿童表达客观情况时，会向他人传递自己的态度和看法，表达他们对命题真实的认识或事件现实性状态的认识。这主要涉及对事物的肯定、否定态度，有关命题真伪的评估，有关能力的评估，对情理许可的评估，对事件现实性的评估。

所有的句子不是肯定就是否定。根据肯定、否定的形式和内容，我们把它们分为以下几个小类：对他人问话的肯定、否定回应；对他人观点的认同、不认同；对他人指令意图的同意、不同意；对他人指责的否认、辩解和反驳。

语料中，五周岁儿童各种态度的使用频次统计见表5-1：

表5-1　　　　　五周岁儿童各种态度的使用频次

功能项目	频次	功能项目	频次	功能项目	频次
肯定性回应/否定性回应	845/411	反驳	146	有能力/没能力	132/154
认同/不认同	195/62	知道/不知道	197/165	必须	67
同意/不同意	446/770	估测	245	犹豫	13
否认	45	相信/不相信	4/21		
辩解	64	怀疑	76		

一 肯定回应/否定回应

（一）肯定回应

承认事物的存在，承认事物事理的真实性，表示正面态度。主要指对问话的肯定性回应。

例1　S 辛奕，最早是吧？
　　　X 对。
　　　S 是不是啊？
　　　X 嗨21。
　　　S 那要奖20分。
　　　X 对呀。

例2　B 赛尔号，你会不会画赛尔号啊？
　　　X 嗨21。

例3　X 那，可不可以合体啊？
　　　Q 可以合体。

例4　L 那你有没有给它吃东西？
　　　X 有啊。

例5　M 你想不想去啊？
　　　X 想。

（二）否定回应

否认事物的存在或事物的真实性，表示反面态度。主要指对问话的否定性回应。

例6　M 这是不是你的老家？
　　　X 这不是。

例7　M 那你去涛涛家了没有，晚上？
　　　X 没有。

例8　B 还热不热？不热了吧？
　　　X 不热了。

例9　L 春晓会不会背？
　　　X <u>不会</u>。怎么背呢？太难了吧。

二 认同/不认同

（一）认同

儿童使用"对""嗨21""没错"等词语，表达与他人有相同观点、看法。

例 10　AX（螺旋飞行器）这个晚上才能玩的。
　　　　X <u>对</u>。
　　　　AX 你一放就冲出去了对吧。
　　　　X <u>对</u>！这样子。看，这样，拉长一点，然后它就飞到天空，对不对？

例 11　X 你看，我画得那么漂亮。
　　　　MZ <u>对噢</u>。你画得好漂亮啊。那我们来画画吧！

例 12　L 我知道，我教你要不要？要搞距离才能，要搞距离。看，会转弯。
　　　　X <u>嗨21</u>。我也来。

例 13　AY 现在偷走了。
　　　　X 偷走了好多。
　　　　AY <u>没错</u>。

（二）不认同

儿童使用"不对""没有""不是"等词语，表达与他人有不同观点和看法。

例 14　TX 那你，老师会，有没有教你画东西。随便画对吗？
　　　　X <u>不对</u>。画得很漂亮。

例 15　X 我的，这个是男孩子戴的，对不对，玥玥啊？
　　　　YU <u>不对</u>。

例 16　X 怎么，怎么玩的呀？这样玩啊？
　　　　D <u>不是这样的</u>。看我的利器。

例 17　Q 辛奕，图书馆。
　　　　X <u>瞎说</u>！山上的田径场。

例 18　X 还看了海边，还捡了椰子。
　　　　D 还看了奕奕。
　　　　X 你老是说，<u>乱说</u>！

三 同意/不同意

（一）同意

儿童使用"唔21""好""好吧""可以"等词语表达对他人指令、意图的肯定性回应。

例19　M 站到上面去，一二三，一二三。别搞到后面。
　　　X 唔21。

例20　D 辛奕，要不要把它剪掉？
　　　X 唔21，剪掉。

例21　M 那你看，讲一个故事就睡觉了啵。
　　　X 好吧，我看看要讲什么故事。

例22　D 奕奕，跟你说，真的给你，你要这个给我。
　　　X 好。给你，给你。

例23　X 诶，这个可不可以送给我？
　　　D 可以。

例24　X 要不要听第四首啊？
　　　TX 要啊。快唱给我听。

（二）不同意

儿童使用"唔35""不行""不要""不能"等词语，表达对他人指令、意图的否定性回应。不同意包括不同意接受，不同意服从。

例25　M 到幼儿园妈妈给你吃一片，好不好？
　　　X 唔35，为什么才一个？

例26　M 你跟哥哥今天在这里睡觉了好不好？
　　　X 不要。
　　　M 啊？要了嘛。
　　　X 不行不行，就不行。

例27　N 给我玩一下。
　　　X 不行。想得美！

例28　L 我们下去玩一下吧？
　　　X 不要，不能。等下我睡觉啦。

例29　M 铃声响就起来了啵。
　　　X 不好。

    M 为什么不好？那你做懒虫啊？

例 30 X 能不能？求你啦。

    D 不能。

四 否认

不承认他人指责的内容。

例 31 L 我叫你不要踩好不好？叫你不要踩你还踩。

    X 我没有踩。

例 32 M 你昨天说谁啊？那个小男孩很喜欢哭，动不动就哭，是谁啊？你说谁，是辛奕吗？

    X 我又没有。

    M 干嘛？

    X 我没有动不动就哭。

例 33 QM 辛奕，是你的车到处乱扔是不是？

    X 才不是呢。

例 34 X 我的剪刀，干嘛放在这？

    MZ 你，不是我放的。

    X 我不跟你好啦。

    MZ 不是我放的。

例 35 YM 你也欺负别人。

    X 我哪有啊，啊？

五 辩解

当他人认为说话人不对，对说话人进行指责和批评时，说话人说明原因进行辩解。

例 36 M 噢35，手电筒你今天是拿到（楼）上面去啦。

    B 到处乱扔。

    X 我没有拿上去啊。我只是拿饼。

例 37 M 辛奕，那么近看干什么？

    X 没有那么近看。搞电池。

例 38 X 妈妈，下个月发工资一定要给我买晶马机。

    M 不要老是买这买那，妈妈不喜欢。

    X 我都好久没有这样啦。爸爸挣了钱才给我买了一个桌球机。真是的！
例39　M 一撇是向左边的，是这样的啊？
　　　X 本来就是这样的。
例40　ZYX 你刚才不是也弄我吗？
　　　X 嗨，不小心弄到的。
例41　AY 我要赛车。
　　　X 那你刚刚又说不要。
　　　AY 我跟你说着玩的，我跟你说着玩的。
例42　D 跟你爸爸说。
　　　X 我逗你玩。

六　反驳

提出理由或根据来否定对方的意见、说法，由断定一个或一些判断的真实性，通过推理形式确定另一判断虚假或其论证方式不能成立。

儿童反驳他人时，经常使用问句形式增强语气。

例43　X 妈妈我要吃苹果。
　　　M 马上吃饭啦，吃一半吧。
　　　X <u>那你给我吃一半水果，你也给我吃一半饭。</u>
例44　X 我赢啦，6比1！哎哟！你不能这样，这样是输的。
　　　D <u>你刚才也是那样。</u>
例45　M 老玩滑板车干什么呢，那里那么多车子，不要玩滑板车了，大家都不拿呢。拿到西区玩的，不到这里玩。
　　　X <u>那个，那个安新又拿滑板车？</u>
例46　D 太大了，太大弄不了。
　　　X <u>那我六岁为什么也弄得了咧？嗨？这样不就可以了吗，哈？</u>
例47　B （吃饭的时候）坐好，不许动。
　　　X <u>不动我怎么吃啊？</u>
例48　B 快点，快点，不能瞎搞啊。
　　　X <u>不能瞎搞？你才总是瞎搞。</u>
例49　YU 看到人家的东西就想要。
　　　X 不行，吃的糖太多了，长蛀牙。
　　　YU 吃的糖太多了？你还要叫我拿糖给你啊？
例50　X 哼！什么？什么？已经吃了好几个饺子你还说！喝了那么多汤！

你还说不够不够不够！打嗝了就不能吃了你还这样那样！又不打嗝？你看！

七 知道/不知道

（一）知道

对事物有所了解、认识。

例51 X 我知道怎么玩。

例52 X 我知道我同学的那个小店在哪里，衣服的，还可以坐那个东西，摇来摇去。

例53 D 我知道什么味。草莓味，不是葡萄味。

（二）不知道

对事物不了解、不认识。

例54 MZ 不知道，我忘记啦。

例55 X 不知道怎么唱，我想一想。

例56 X 不知道，我怎么知道啊？

八 估测

不确定的判断或认识。

儿童使用"应该""可能""一定""好像""也许""肯定"，或在句末加语气词"吧"表示对情况的估测。

（一）应该

例57 X 那么早应该没人吧。

例58 X 应该鸽子是在这里翱翔的呀。老师说的，老师说鸽子是在天空中翱翔。

（二）可能

例59 MZ 他可能是，也是四岁吧。

例60 X 我想上去时候她可能在写字吧。

（三）一定

例61 X 涛涛呢？一定是去上厕所了吧？

例62 X 糟了，被发现了。这次一定失败了。怎么办？

（四）好像

例63 X 青龙金刚好像是别人弄坏的。好像应该是我吧。

例 64　X 呵呵呵呵。好像警察这个也看过诶。应该有看过吧。有看过。

(五) 也许
例 65　X 也许我的光能照亮东西。用这个，对啦。

(六) 肯定
例 66　MZ 她肯定没有拿作业袋，对不对？
例 67　Q 这是龙卷风，这肯定是龙卷风。

(七) 句末带语气词"吧"
例 68　X 怎么白乎乎的，下雪了吧？
例 69　X 你搞错了！你搞错了吧！
例 70　MZ 可以！可以啊，可以吧！

九　相信/不相信

(一) 相信
对事实或他人话语的真实性表示相信。

例 71　L 拿着，我把这个打破。
　　　　X 好啊。
　　　　L 你相信不相信？
　　　　X 相信啊。
例 72　X 你别相信涛涛。
　　　　Q 为什么别相信？
　　　　……
　　　　X 给我，不要扔。我不相信你了。
　　　　Q 我相信涛涛。

(二) 不相信
对事实或他人话语的真实性表示不相信。

例 73　D 我也不会折宝石。
　　　　X 骗人！
　　　　D 真的。
例 74　D 我喝过绿水了，奕奕。
　　　　X 骗人！我们这里没有绿水喝。是开玩笑的。

十　怀疑

对事实或他人话语的真实性表示不很相信，句末常带语气词"吧"。

例 75　X 难道四个吗，不是吧？

例 76　X 不会吧，这么快？

例 77　X 没有吧？你有这么厉害？

例 78　X 诶，不可能吧？

例 79　X 超人怎么会有女的呢？

例 80　X 你开玩笑吧？

例 81　X 真的吗？试给我看啊。

十一　有能力/没能力

（一）有能力

儿童常使用"会""能""可以"或"动词+可能补语"表示有能力。

1. 会

例 82　X 我会连续跳绳。

例 83　X 忘了，本来我会的，后来我忘啦。

2. 能

例 84　Z 我能折雪獒飞机。

例 85　X 那我也会。我能抱你起来，然后走。

3. 可以

例 86　X 我可以从潮州话那个1说到100，1、2、3⋯

例 87　MZ 我可以直接玩电脑，我可以直接玩电脑。

4. 动词+可能补语

例 88　X 我吃得了，我是金刚牙。

例 89　X 我撕得开。

例 90　X 顶得住。

例 91　X 要是有个巨人就拿得起了。

例 92　X 整个人都有升级药水。嗨35，我这个要大一点才能装得下升级药水。

例 93　X 录得到。

（二）没有能力

儿童常使用"不会""不能"或"动词+不+补语"表示没有能力。

1. 不会

例 94　X 我爸爸才会装，我不会装。你看！呃！又把他搞成那样了。

例 95　X 我不会，我又忘记怎么折知了了。我想去看知了怎么折，然后我跟着折。

2. 不能

例 96　X 我不能，我妈妈才能，我爸爸也能。

例 97　Z 我不能。

3. 动词加"不"加补语："V 不了"、"V 不起"、"V 不住"

例 98　X 吃不了了。

例 99　X 爸爸，按不了，爸爸，按不了。

例 100　X 它飞不起来了，对吗？

例 101　BY 我受不了啦！我下去啦！

例 102　X 快要坚持不住了。

例 103　X 挂在树上，又像昨天一样拿不起咯。

十二　必须

儿童使用"一定""得""必须"等词语表示从事理上或情理上的必要。

（一）一定

例 104　X 爸爸，一定噢，明天拿回家噢。

例 105　X 把它放出去噢，你记住噢，一定要把它放出去。

例 106　X 我们一定要得到一千分，不然我们就不能换一个小礼物。

（二）得

例 107　X 但是你得一人一个。

例 108　X 你还说去下面玩？好冷啊，我得穿多点衣服啊。

（三）应该

例 109　X 你应该要找他算账。

例 110　TX 男孩子应该保护女孩子。

（四）必须

例 111　AY 我们必须要战斗。

十三　犹豫

儿童经常使用选择问句或特殊疑问句"哪才好""什么才好""怎么办才

好",表示拿不定主意。

例 112　X 我给你折好枪又不公平。到底哪个公平?

例 113　X 快跑!快跑啊!幸好我们跑得快,到底去哪里玩才好啊?还是找个姐姐看一看吧。

例 114　X 怎么办才好?

例 115　X 这样玩这个不好。玩这个不好。玩什么才好啊?玩什么才好呢?啊?

例 116　X 我们走,去玩玩。到哪里玩才好?

例 117　X 扬蔻,买什么糖才好呢?我是来买糖的,只有一个一块钱啊,怎么办啊?

第二节　情感表达

语言有表达情感的功能。情感是个体对各种认知对象的态度体验和相应的行为反应,是一种不同于认知或意志的精神上的感受和体验。情感与需要相关,需要是情感产生的重要基础。根据需要是否获得满足,情感有肯定或否定的性质。凡是能满足需要或能促进这种需要得到满足的事物,便引起肯定的、积极的情感,如喜爱、愉快等;凡是不能满足这种需要或可能妨碍这种需要得到满足的事物,便引起否定的、消极的情感,如憎恨、不满意等。

语料中,儿童的情感表达也有积极、消极之分。下表中的愉悦类情感就属于积极情感,它包括爱、喜欢、高兴、如愿;消极情感分为不如意类情感、不满类情感,还有害怕、着急、担心、无奈。不如意类情感的刺激物往往是事物或事态,不满类情感的刺激物往往是他人的不利言行。不如意类情感有不喜欢、不如意。不满类情感的宣泄形式有抱怨、斥责、责令。除上面列举的类别之外,还有庆幸、意外、领悟、无所谓、看不起、追问、夸奖、夸耀。追问的目的是满足好奇,夸奖、夸耀是表达对别人和自己的欣赏和肯定。

语料中儿童各类情感表达的使用频次,统计见表 5-2:

表 5-2　　　　　　　五周岁儿童各种情感表达的使用频次

功能项目	频次	功能项目	频次	功能项目	频次
愉悦类情感	543	庆幸	38	追问	37
不如意类情感	473	意外	750	夸奖	23
不满类情感	1289	领悟	153	夸耀	53
担心	19	无奈	9		
着急	48	无所谓	62		
害怕	34	看不起	16		

一　愉悦类情感

(一) 爱

例 118　X 妈妈，我爱你！

例 119　X 喜欢你，妈妈！

(二) 喜欢

1. 直接表示喜欢。

例 120　X 这是我吃过的，这是我最喜欢吃的山楂片。

例 121　X 爸爸，我喜欢果园。果园好多果呀，椰子、香蕉、西瓜三种。

2. 通过对事物属性、状态的积极评议表达对事物的喜爱。

例 122　X 哇，厉害！耶！

例 123　X 哇哈，好精彩呀！

例 124　X 哇，真好看啊！

例 125　X 太好吃了！

例 126　X 嗯！嗯！太美味了！

例 127　YU 太爽了，爽死了！

例 128　X 漂亮得要死。

(三) 高兴

例 129　TX 辛晓宇送我的花，我真是太高兴了！

例 130　X（老师奖励积分卡）哈哈哈！好高兴噢。十分！

例 131　X 好高兴，高兴得要命！

例 132　X 呵呵呵，笑死了！

例 133　X（听到小朋友学机器人说话）哈哈哈哈！怎么这样说话？

例 134　X 好好玩啊！你看，风鹰母变成这样啦！

例 135　X 嘿嘿，柳兴画的，好搞笑！

（四）如愿

例 136　X 终于见到妈妈啦。

例 137　X 去那边，终于等到这个时候了。

例 138　X 耶，我能玩计算机。我能玩计算机，我玩计算机。

例 139　X 成功啦！

例 140　X 耶，我赢啦！我拿去咯。拜拜！哈哈哈！

二　不如意类情感

（一）不喜欢

1. 直接表示不喜欢。

例 141　X 我不喜欢。

例 142　X 我最讨厌吃甘蔗。

例 143　X 我不喜欢抄题，太难了。

2. 通过对事物、属性状态的消极评议，表达对事物的厌恶，不喜欢。

例 144　X 录音笔，好烦耶。

例 145　X 冷得快要冰冻起来了。

例 146　X 很臭诶，真的！

例 147　X 臭死了。闻一下，啊，臭死了。这个好像是屎味。耶，扔掉，把它扔掉。不好吃！

例 148　X 可是这个面太难吃啦。

例 149　X 不漂亮，没有一层一层的。

（二）不如意

常用"哎哟"，"啊噢"，"啊"，"哎呀"，"hm51"，"倒霉"，"惨了"，"糟了"惊呼感叹不如意的遭遇。

例 150　X 哎哟！my god！

例 151　X 啊噢！怎么飞到这里啦，那么远！

例 152　X 哎哟！痛死啦！

例 153　X 倒霉的都是我！

例 154　Xhm51，我自己怎么这么倒霉？
例 155　X 啊！我们弄错了。你看！我们弄错了，我们弄错了诶。
例 156　H 哎呀，完蛋啦！
例 157　Q 又失败了！
例 158　X 惨啦！我的衣服又忘记拿啦。

三　不满类情感

（一）抱怨

陈述他人不利言行及其影响，表达不满。

1. 不满他人行为。

例 159　X（你）总是看这么久，我就不能看电视啦！
例 160　X 你吃了很多东西，无花果也吃了。我，我都没有吃。
例 161　X 总是在这里搞我搞我搞我！
例 162　X 啧！看你，搞那样啦！
例 163　X 哼！哎呀！你看你看你看！
例 164　X 才去一次！
例 165　X 那么少那么少那么少那么少那么少那么少！哼！
例 166　X 哎呀！指南针呢？啧，把我的指南针弄丢了。你看！
例 167　X 啊，我的洞被你，我的油洞被你踩脏啦！
例 168　Q 涛涛，我在看书，他用金箍棒打扰我看书。

2. 不满被要求，不满被拒绝，不满他人的责怪、批评等。

例 169　X 你老这么快叫我。那么快叫我，我都烦死了！老这样！
例 170　X 又是要我学本领！
例 171　X 啊，你总是不给我玩玩具。
例 172　X 我折了很多遍啦，我总是折了好多遍啦，你还叫我折折折。
例 173　X 不给我吃酸奶，哼！
例 174　X 那个安新还老是批评我，啊什么什么什么。

3. 语法特点：

（1）都是陈述句。

（2）因为说话人会对他人行为导致的结果不满，所以经常使用到能表处置结果的"把"字句和"被"字句。不满对方要求时则有时会用到兼语句。

（3）常带表频度、量度、范围的副词，如"老是、总是、又、还、都、每次"。

(4) 词语、句子重复。

(5) 常用指代词"这样"、"那样"指代谓语、性状、程度。

(6) 常带表不满的话语标记"你看"，带表不满的语气词"啧、哎呀、哼、唔51"。

（二）斥责

1. 使用带负面评价义的词语表达对他人的否定态度

（1）认为对方的言行不符合言行规范，是不道德的、不正常的，不可接受的。相当于所谓的批评。

例175　X Hm！害得我吃到半个。你，你不公平！

例176　X 这么不大方！

例177　X 那现在，骗人，就知道骗人！

例178　X 到我啦。好，我跟你妈妈说。你这样不规矩的。

例179　X 一点都不勇敢。

例180　X 总是坐，你来这里就总是不乖！

例181　X 不听话！你连话都不听还怎么搞啊？

（2）用带有负面评价义的名词指称对方，表达对对方的厌恶和不满。相当于所谓的责骂。

例182　X 总是搞那么烫！臭妈妈，hm！

例183　X 哼！小气鬼！

例184　X 贱人！

（3）使用习用结构表达否定态度

A. "真是"

例185　X 你！真是的！（"真是的"说话人隐去了表达不满评议的成分）

例186　X 我都好久没有这样啦，爸爸挣了钱才给我买了一个桌球机，真是的！

例187　X 真是小孩子脾气！

B. "你这个 N"

例188　Y 不要！你这个辛奕！

例189　X hm！你看你这个坏家伙！不是这样搞的，教你吧。

例190　Q 是三只兔子！你这个傻蛋。

2. 责怪

说话人对不如意事件的致使者表示不满，认为责任在他而不在己。

句中常出现"就是你"，"都是你"，"都怪你"，"谁叫你"，"叫你不要 V

你硬要 V"。

例 191　X 就是那些臭细菌。

例 192　X 哎呀，主要是你——

例 193　X 本来我要卡布达的，后来被你送了。

例 194　X 不一样，你看，都是你！你看，没有鱼上，我还怎么等呀？

例 195　X 来！玥玥！你把这个把它按上去，快！你把这个把它按上去！是你搞的呀！

例 196　X 都怪你，你在那里看一下。不要再看啦，等下他又发现我们。

例 197　X 怪你，谁叫你去看一下。

例 198　X 谁叫你老是吵吵吵！

例 199　X 你都把柳兴弄哭了，看你干的好事！

例 200　X 叫你不要搞你硬要搞！

3. 责问

问句分为有疑而问的疑问句和无疑而问的问句。无疑而问的问句虽然以问句形式出现，但主要目的并不在于求取信息。说话人在使用无疑而问的问句时，一般心中已有明确的观点和看法，问句形式只不过是用来加强语势。无疑而问的问句多隐含有说话人认为"某种行为不合乎情理，是错的"这一意义。因此人们经常使用无疑而问的问句表达否定意见和态度，宣泄不满。

（1）用一般疑问句形式表不满

例 201　X 拿几个巧果也不行啊？

例 202　Q 你就知道说这是你的吗，这是你的吗？难道这是你的吗？

例 203　X 我还没吃东西，就睡啦？哼！还没吃东西就睡啦？

例 204　X 还让不让人睡觉啊？

例 205　X 你拿这个玩具转来转去的，是要玩还是要飞啊？嗨！

例 206　X 哎呀，你到底烦不烦啊你，你到底烦不烦啊？你到底烦不烦啊？

（2）用特殊疑问句形式表不满

①什么

例 207　X 搞什么搞啊，吵死人啦！

例 208　X 不学本领又关你什么事啊？

②怎么

例 209　X 不是！你看，你看，你看，怎么变的呀？这是安上去的，不是变的！

— 77 —

例210　X 你做动作,我才知道怎么召唤啊。不然我怎么知道啊,哈?

例211　X 怎么能这样啊?

③为什么

例212　X 叫你不要站到地下,为什么你硬要呢?

例213　X 为什么?凭什么要听你的?你又不是大王。吃了你!

例214　X 老管我的事干嘛,为什么管我的事?

④干嘛

例215　X 你干嘛老换啊?不要换了!你要换什么,你到底要换什么呀?

例216　Q 你撕了飞机干嘛?好不容易送给你的。

⑤谁

例217　H 你才是小乌龟呢,谁说我是小乌龟?

⑥怎么办

例218　X 又是这个,很难写的,很难写的,我还怎么办?

例219　X 啊!手不见了怎么办?我还怎么找手啊?你看,你这个玥玥!找不到,怎么办啊?玥玥你要赔我一个!

(三) 责令

通过对他人下达指令的方式表达对他人的不满。

1. 要求停止或改变不如意行为

例220　X 哇,<u>住手</u>!欺负人家,欺负人家不讲理。

例221　X 太吵了!<u>别吵啦</u>!<u>别吵了好不好</u>?好想让爸爸钓到鱼啊。

例222　X 太多了,<u>不要给我这么多</u>!

例223　X 看什么看?<u>不要动</u>!

例224　X 那是铠甲合体!你怎么拔我的录音机!<u>不要拔</u>!

2. 要求补偿

例225　X 把丘丘搞哭啦,<u>赔一个赔一个</u>!<u>赔一个赔一个</u>!<u>赔一个赔一个</u>!

例226　X 神兽!啊,喷!<u>美珍你帮我拼</u>!刚刚才拼好的,然后你就把它坐坏了。<u>你帮我拼</u>!

例227　X 好,<u>你要把全部这个橡皮泥给我</u>。谁叫你刚刚刚刚搞了我摔了一跤。

3. 驱逐对方

例228　X <u>滚出去,下去,下去,你下去</u>!

可以通过威胁警告增强指令的强迫性。

例229　X 那你再这样，我就不邀请你。
例230　X 你敢走？好，我跟老师说，跟老师说。
例231　X 又是这样？再给你，真的再给你一次机会。每次这样，不要怪我。我真的不跟你玩啦。

（四）排斥抵触

通过排斥抵触的方式表达对他人的不满，如拒绝回应、不认同、不允许、不服从等。排斥抵触多是无奈时的宣泄方式。

例232　X 不要跟你说话！
例233　X 不给你走！
例234　X 好，那你搞电脑的时候我也把它关掉！

四　担心

有顾虑，怕发生不如意的事情。不放心。

常使用"……就麻烦了"，"……就糟了"，或"等下"后面跟不如意的事件。

例235　X 妈妈，少几个了，阿婆又来批评我了。
例236　X 怕他搞坏了耶。
例237　X 如果不能擦掉那就麻烦了。
例238　X 哇，等下很晚很晚很晚的时候就糟啦。
例239　X 去我家，要有个布才行啊。脏死了，等下把我的橡皮泥搞脏了。
例240　X 那等一下万一摔破了，那搞出很多橙汁怎么办？

五　害怕

因遇到危险、困难等而心中不安或恐慌。常使用"好可怕""好恐怖"来表达害怕。

例241　X 哇塞，好黑呀。好可怕，鬼来啦！
例242　X 还是伤。好怕！这里真的有一些血诶。
例243　X 我们下雨的时候老师还在树下面慢吞吞的，吓死我了，差一点就被雷那些闪电吱吱吱。
例244　X 好吓人啊，好像冲天炮一样。
例245　X 吓我一跳。
例246　X 好恐怖！

六 着急

因事情紧急，一时无法解决而产生的情绪。儿童经常通过重复使用"怎么办"，"怎么搞"来表达着急。

例247　X 哎呀！真是的！手都不见了，my god！哎呀！手不见了还怎么搞啊！哎呀！手不见了怎么办啊？

例248　X 糟了被发现了，这次一定失败了。怎么办？

例249　X 啊，怎么办啊，怎么办？都是怪这个臭爸爸。

例250　X 扬蔻，买什么糖才好呢？我是来买糖的，只有一个一块钱啊，怎么办啊？

例251　X 到底在哪啊？怎么办啊？我都找不见。

例252　X 怎么还没搞出来啊，怎么还没出来？

七 无奈

表达对人或事没办法的心情。儿童常使用"（我）只能……了"，"没办法"来表达无奈。

例253　X 噢35？可是我没有这个。好吧，送，好吧，只能这个啦。

例254　X 水在哪，水在哪？只能喝妈妈的水了。

例255　X 还要啊？可是你要走了，我只能跟柳兴哥哥，跟柳兴哥哥一起到田径场。

例256　X 不要，我只能在前面了。因为好多人没，我都没位子了。

例257　X 那我怎么办？我就去别人家看一下喽。

例258　X 那，好吧。本来不想的。

例259　X 好吧，给你选四个吧。那我都没有选。

例260　D 真没办法！

例261　X 没有办法了只能开。干嘛？

八 看不起

认为别人的能力弱，物品差。

例262　DM 奕奕啊，小精灵是什么意思啊？X 哎呀！连这个都不懂！

例263　Yuan（不懂辛奕的名字）辛什么啊？
　　　　X 辛奕！连这个都不懂！还辛什么？

例264　X 不是，不给你打球。反正我有带球。

　　　　　YU 打球有什么好玩!

例265　D 橡皮呢又怎么啦，就是你厉害吗？

例266　Y 我家里还有，你看!

　　　　　X 这有什么好啊？一朵红花!

　　　　　BY 我有这个诶。

　　　　　X 又怎么样啊？

九　无所谓

对人、事、物不在乎。

常用"A就A""不A就不A""没关系""随便"。

例267　Q 擦掉就擦掉。我才不要画画呢。

例268　X 什么地方不能去就不能去。我喜欢在家里看电视。

例269　X 输了就输呗。关掉，去加油去。

例270　X 回就回。你今天开车去，等下累死你。

例271　X 去就去，老家又不是你的家。屁爸爸!

例272　X 抓住了又怎么样？罚十次，抓住没关系。Hm53!

例273　X 我要紫色。你随便给我什么颜色就什么颜色。

例274　X 没事，没事，随便弄，随便。

例275　X 能，不会，随便啊，往哪里走都行。

十　希望

想达到某种目的或实现某个需要。

例276　X 都快要到云上面了，我想在云那里玩。

例277　X 太吵了，别吵啦，别吵了好不好？好想让爸爸钓到鱼啊。

例278　X 真想回家看猫和老鼠啊。

例279　X 不想玩这个，我真想要炎龙铠甲的这个召唤器。

例280　X 要是我们在一楼就好了，就可以踩踩踩。

例281　X 有个绳子就好了。

十一　庆幸

发现事情意外地得到好的结局。常用的词语有"幸好"，"差点"。

例282　X 哼，看我的。你看，好险呐，没有飞回去。

例283　X 多出一个那就完了，我看到癞皮蛇都没在那里，都没在。

例284　X 差一点！没事！

例285　X 差一点就把我的手砸断啦！

例286　X 差点，嘀，幸好！

例287　X 快跑！快跑啊！幸好我们跑得快！

例288　X 幸好！差一点点就没找到了。

十二　领悟

觉醒明白。在认识上由不知道转为知道，由模糊转向清楚，由错误转向正确。常带"原来""怪不得""难怪""我知道了"，常带叹词"噢"。

例289　X 找到了，找到了，原来在这里。

例290　X 噢21，原来是假的。

例291　X 有一只蚂蚁怪不得有这么痒。

例292　D 噢35，你是想玩币。

例293　AY 噢，我知道，它走了这条路。

例294　X 噢21，我们忘记看元宵晚会啦。

例295　X 怎么搞的，怎么搞的？你看！噢35，这样。

例296　X 跟老师说？对啊，我没想到。

十三　意外

结果超出了人的心理预期。

（一）惊叹

因事物、情况不曾预料而惊呼感叹。

常用叹词"啊53""哇53""哇21"。

例297　X 在上面。啊53，全都跑到这里来了。

例298　X 啊53，这个沙子进到我嘴里啦。这个沙子。

例299　X 哇53，找了那么多钱。哇53，爸爸，爸爸。

例300　X 我的 my god！这么厉害！嘣嘣！啊啊啊！嘣！嘣！

例301　X 哇53！你看！哇53！爸爸，搞成那么碎啦。车子，撞飞啦！

例302　X 哇塞！

例303　H 哇21，烂了一个。

（二）惊奇

（1）惊异

事物、情况跟说话人原有认识、想象、期待不一致，说话人感到惊讶、难以置信。常带叹词"咦35"，"呣35"，"啊35"。

例304　X 真倒霉。啊35，又掉在里面了。

例305　X 啊35，玥玥不在。

例306　X 咦35，我有一个降落伞。

例307　X 咦35，这里有个洞！这里也是怪兽刚刚跑到我的车子搞了一个洞。

例308　X 啊噢，电脑还开着。

例309　AY 奇怪！

（2）惊疑

对事物、事件发生的原因和结果以及是非感到有疑惑。

例310　X 啊35，不行吗？

例311　X 咦35，怎么死不了啊？

例312　X 嗯35，怎么你的嘴巴像女的呀？

例313　X 呣35，这不是我画画的地方吗？

例314　X 呣35，为什么啊？你看，为什么会这样子啊？

例315　X 诶35，这是什么？啊35，也是会亮光的球。这是什么啊？

例316　Y 哎35，我的摩托车呢？

十四　追问

不满足于对方的陈述而接着对方的陈述继续问。追问是为了知道事物的真正原因和结果。

在句首经常使用"那"，表承接对方陈述而发问，句末常带语气词"呢"。想弄清对方意图时经常使用"到底""究竟"。

例317　X 那是他先打我啊！他先打我我就这样。……怎么样？要是再打我呢？……然后再打我呢？……他是故意的呢？

例318　X 那少少少少的呢？……那更少呢？……那最少最少最少最少最少呢？

例319　X 那草呢，草能不能把爆炸搞掉，草能不能呢？呃，爸爸，草能不能，爸爸，草能不能把爆炸搞掉？……那刺呢？……那防护罩呢？

例 320　D（小孩不能撒谎）那大人能撒谎吗？

例 321　X 你干嘛老换啊？不要换了。你要换什么？你到底要换什么呀？

例 322　X 究竟要不要去田径场啊？

十五　夸奖

使用积极评议表达对他人的欣赏。

例 323　D 奕奕，你会唱，唱起的歌很好听，很好听。

例 324　X 你比我爸爸还聪明诶。因为你合体得这么聪明，合体得这么好。

例 325　D 真棒真棒真棒！

例 326　X 柳兴高手！

例 327　X 好啊，干得不错！看来要奖励你了。启动防护装备！

例 328　MZ 你折得好好看呀。你折得好好看。

例 329　X 好样的！超级雷电击。

例 330　MZ 哇，你画得好漂亮耶。

例 331　X 跳绳最厉害的就是伯宜。

十六　夸耀

向别人显示甚至夸大自己的长处、优势或能力。

（一）常使用表积极评议的词语，带程度副词"最、超级、很、全"

例 332　X 是我爸爸，我爸爸超级厉害。

例 333　X 对，你先讲。我的爸爸肚子里面全是故事。

例 334　LXM 我哥哥会玩，我哥哥是英雄。他教我会各种聪明的办法。

例 335　X 我最高，我比你高。

例 336　X 我很勇敢诶。

例 337　X 你看，我画得那么漂亮。

（二）带语气词"呢""吧"

例 338　X 我大四班。比它大呢！那么小，小小小小四班。

例 339　X 我还会爬这个山呢，这个山，这个假山，我也爬了。

例 340　X 看，我聪明吧！

例 341　X 帅呆了吧。妈妈，你看。爸爸，很爽吧！

（三）"……什么都……"

例 342　X 那我 Q，Q 比什么都大。

例343　Xhm！不像我一样，什么星都认得。

例344　X你看。垃圾桶。诶，玥玥我也会折啦。你看。别小看我，我是什么都会折，大炮会折。

例345　X看我吃了这么多肉，打来打去，打来打去，都不痛，哼！

（四）"我早就……"，"我早知道……"

例346　X我早就有很多啦，我家里。

例347　X我早知道哪有芒果。就是那边呗，对不对？

例348　X我早知道灯笼长什么样子了。

第三节　小　　结

本章主要描写五周岁儿童的态度表达和情感表达。

第一节描写五周岁儿童的态度表达。所有的句子除了肯定就是否定。我们分对他人问话的回应，对他人观点的回应，对他人指令意图的回应，对他人指责的回应来统计肯定回应行为和否定回应行为的使用频率。这一时期的儿童对他人言语的否定回应不再只是简单的一个"不"或"没有"，他们能说明理由为自己辩解或对他人观点进行反驳。五周岁儿童除了能表达肯定和否定、相信和不相信、知道和不知道、有能力和没能力这些确定的态度或认知状态、表达事理或情理的必要性外，还能表达估测、怀疑、犹豫几类处于不定的认知状态。

第二节描写五周岁儿童的情感表达。五周岁儿童能自如地表达积极类情感和消极类情感。积极类情感包括喜欢、高兴、如意。消极类情感除了不喜欢、不如意、不满外，还包括担心、着急、害怕、无奈、看不起。我们通过统计发现，消极类情感中，表达不满的语例最多。除此之外，儿童还能表达希望、庆幸、醒悟、意外、追问，会夸奖他人，也会夸耀吹嘘自己。

因为五周岁儿童指令类言语行为和不满类言语行为的使用频率很高，本书的第六章、第七章将选择指令类言语行为和不满类言语行为分别进行分析。

第六章 指令类言语行为分析

第一节 指令类言语行为研究概况

指令类言语行为简单地说就是甲让乙按甲的要求做事，是日常话语活动中一种极其常见的言语行为类型，又叫使役性言语行为。下面我们择要介绍汉语指令类言语行为的研究情况。

赵微的博士论文《指令行为与汉语祈使句研究》，以言语行为理论为指导，讨论了指令行为及汉语祈使句的特征。她根据时间性、疑问、否定、发出者与接受者在社会地位或权势方面的差异、行为结果在接受者利益方面的差异、发出者要求的强度差异，将指令句分为广义指令和狭义指令。狭义指令内部又分成情感性指令和实施性指令，前者包括希望和诅咒，后者包括命令、禁止、请求、允许、建议。她认为以往的研究多关注通过其他行为来间接实施指令行为的情况，而忽视了指令行为被用来间接实施其他行为的可能。狭义指令中，希望和诅咒都表达了要接受者实施某个行为，但是由于它们的反现实性或行为结果对接受者利益有损，它们的实际功用表达的是说话人的愿望和情感。此外，她介绍了直接指令和间接指令。她认为直接指令和间接指令在礼貌和自我态度的表达两个方面有较大差异。使用直接指令时，说话人表达了对听话人执行指令行为的迫切愿望。使用间接指令，除表达说话人对听话人执行指令行为的意图外，还表达对说话人的礼貌。

樊小玲的《汉语指令言语行为研究》梳理了2011年以前国内外言语行为研究和指令类言语行为研究后，指出目前汉语"指令"范畴研究有两种倾向：一种是语用学界对指令言语行为的研究，这类研究往往注重行为本身而忽略汉语语言形式；另一种是语法学界对祈使句的研究，他们将指令言语行为的研究等同于祈使句的研究。作者认为指令言语行为不仅仅通过祈使句来表现，将指令言语行为的研究等同于祈使句会造成汉语指令行为研究的缺失和不完整。樊小玲认为,现行的指令分类缺乏标准。她根据说话人"对话语权的处置",将指令言语行为分为:"强调自身话语权的指令言语行为"、"模糊彼此话语权的指令言语行为"和"强调对方话语权的指令言语行为"三大类别。然后,根据指令言语行为的"指令度",把指令分为强指令、一般指令和弱指令,并细化为"威胁""命令""建议/商量""请求""乞求"五个等级。她认为研究汉语言语行为的正确方法应该是透过大量的语言形式,结合对应的理论来探讨汉语使用者为何会采用某种言语行为,影响他们采用这些言语行为的因素有哪些,进而提炼出汉语使用者在使用此言语行为时候的策略和原则[①]。

下面是对本章写作有借鉴意义的单篇论文。商拓的《浅论理想祈使语气的表达》《语境中祈使句的结构特点》,对汉语中表祈使的语言现象分析得十分细致,提出了一些汉语特有的祈使表达手段,诸如语气词的使用、某些加强语气的词语的使用、敬辞及谦辞的运用,动词重叠及把字句对于表达祈使语气的作用等。张美兰《〈祖堂集〉祈使句及其指令行为的语力级差》以《祖堂集》为例,讨论了指令行为语力级差的问题。李军的《汉语使役性言语行为的话语构造及其功能》《使役方式选择与社会情境制约关系分析》《使役性言语行为分析》等系列文章,对汉语指令性言语行为的构成,语用作用,语用策略进行了探讨。

目前研究只关注成人指令类言语行为,缺乏对儿童指令类言语行为的研究。本章将参考以上研究成果,对汉语儿童指令类言语行为做全面考察。

第二节 对成人的指令行为

儿童实际上生活在两个世界里,一个是包括父母和其他成人在内的成人世界,另一个是同伴世界。在成人世界里,儿童与成人形成的是权势关系。权势关系是指"交谈一方比对方处于更优越的地位,从而具有较大的权势。形成这种地位与权势的差别,可以是辈分的高低,年龄的长幼,财富的多少,学识的深浅,体力的强弱等。比如父母和子女之间,长辈和晚辈之间,老师

---

① 樊小玲:《汉语指令言语行为研究》,博士学位论文,华东师范大学,2011年,第1—10页。

和学生之间……"① 在这样一种关系里，成人是强势方、约束方，儿童是弱势方、被约束方。儿童与成人形成的是以尊重和单向服从为主要特征的人际关系，但是在同伴世界里，儿童与儿童之间形成的则是以平等互惠为主要特征的同伴关系。

本书首先把儿童的会话对象分为成人和同伴两类。成人类中根据社会距离，即与说话人的熟悉程度，分为血亲（父母）、熟识、认识三类，熟识里面根据社会地位的不同，把老师单列出来。同伴类中，我们根据年龄大小，分为大龄同伴和同龄同伴。然后我们按不同的会话对象分析会话语段中儿童指令类言语行为的交际策略。

因为一些语例是以话段形式出现，篇幅很长，所以我们省略掉了那些与分析无关的内容，省略符号用"……"表示。为了便于分析，有些语段话轮后标有序号。如果语段中有省略的内容，那么序列号看似连接的话轮实际上可能没有直接联系。

一　对父母的指令

（一）父母与孩子之间的用语特点

在日常交际中，会话双方关系熟络，言语交谈方式往往比较直接。从社会距离来看，父母和孩子具有最亲近的血亲关系。与跟外人交谈相比，孩子与父母的交谈方式最直接。但是父母和孩子之间又具有权势关系，父母对孩子有抚养和教育的责任，具有主动权，是施予方、强势方。孩子需要服从父母的安排，是接受方、弱势方。这种不同带来言语表达的不同，父母对孩子可以实施命令、训斥、警告威胁等所谓威胁面子的言语行为，会话进程中通常掌控会话方向，可以打断孩子的说话。孩子对父母，通常不允许态度强硬，不能对父母实施命令、训斥、警告威胁等言语行为，也不允许随意打断父母的言语。

我们把以强硬语气发出的指令称为强势指令，包括命令、禁止、警告、威胁。此类指令多为不利己或不明显利己的指令，通常在情势紧急或不满状态下发出，或由权势关系中的强势方发出。我们把以协商式语气提出的指令称为协商式指令，包括请求、劝阻。不受其他因素影响，语气自然，既不增加强迫性，也不增加协商性的指令，我们称为一般指令。

辛奕和父母相互间发出的指令的类型及其使用次数统计见表6-1：

---

① 陈松岑：《礼貌语言》，商务印书馆1989年版，第16页。

表6-1　辛奕和父母相互间发出的指令的类型及其使用次数

对象	强式指令 命令禁止	强式指令 警告威胁	一般指令	协商式指令
辛奕父母对辛奕的指令	168	53	193	198
辛奕对父母的指令	38	14	280	92

辛奕父母对辛奕发出的指令句一共有612例，强式指令有200余例，带有警告威胁、预示后果的有53例。剩余为一般指令和协商式指令。辛奕对父母发出的指令有417例，多为利己指令。强式指令少，警告威胁只有14例，一般指令和协商式指令多。

（二）指令策略选择的制约因素

语料中，辛奕对父母发出的指令，其策略和语言形式的选择主要受指令实现的难易程度影响。容易实现的要求，辛奕用直接策略提出；有实现难度的要求，辛奕会比较多地使用协商式指令，使用表商议的语气词、使用礼貌语、增加征询语或者增加辅助语，甚至考虑使用委婉方式表达需求。

1. 容易实现的要求

例1　X 爸爸，放歌。爸爸，放歌。（要爸爸播放音乐）

例2　X 遥控器给我，爸爸。

例3　X 爸爸，给我拿电话。按确定，中间按确定。

例4　X 爸爸，妈妈，我要玩中文版。

例5　X（对爸爸说）把它倒到袋子里面，全部都拿到这里。

例6　X 妈妈，把这个移开给我看。这是不是假的，键盘啊。看，没骗你吧！

容易实现的要求，辛奕都用直接策略提出。辛奕直接发出指令时，语气、态度一般都比较和缓，不强硬。如果辛奕使用命令语气和威胁手段提出要求，会遭到父母的训斥。

例7　（X：辛奕，M：辛奕妈妈。辛奕以命令的语气要求妈妈给他吃面。）

　　　X 妈妈，给我吃面！　　　　　　　　　　　　　　　　（1）

　　　M 好好讲话！我告诉你啊，辛奕啊，你这么讲话妈妈不喜欢的噢。

　　　　　　　　　　　　　　　　　　　　　　　　　　　　（2）

X 你也，我想吃，你想吃东西的时候，你也好，没有好好讲话啊。 (3)

M 我怎么没有好好讲话？我要吃东西的时候我怎么没有好好讲话，啊？ (4)

X 没有啊。 (5)

M 我要吃巧克力（低而柔的声音）。辛奕，我要吃巧克力！辛奕，我要吃面包！辛奕，我要吃酸枣糕（高而凶的声音）！我说了没有？是你说的，还是我说的呀？ (6)

话轮1，辛奕以命令的语气要求妈妈给他吃面。妈妈不满他的语气，话轮2，妈妈要求他好好讲话，并警告辛奕他这么讲话妈妈不喜欢。话轮3，辛奕反驳说妈妈想吃东西的时候也没好好讲话。话轮4，妈妈否认没有好好讲话。话轮6妈妈给辛奕示范要求吃东西时的两种不同的语气。

例8　X 水，水，水！ (1)
　　　M 好好好。 (2)
　　　X 拿出来！ (3)
　　　M 诶35，好好讲话！怎么说的，叫妈妈做事情？ (4)
　　　X 请给我水。 (5)

辛奕吃饭的时候，突然对着妈妈连呼"水、水、水"。妈妈知道辛奕是口渴了急着要喝水，她连声应答"好"，答应给辛奕拿水。话轮3，辛奕接着用命令的语气对妈妈说"拿出来"。妈妈不满辛奕的语气，话轮4，妈妈要求辛奕"好好说话"。话轮5，辛奕立即改用礼貌表达。

例9　X 还要，还要那鱼里面的蛋糕，不然我就，哼！ (1)
　　　M 不然你就干嘛？ (2)
　　　X 哼！ (3)
　　　M 不然你就去幼儿园是不是？跟那个爷爷在一起是不是？好啊，大家鼓掌欢迎。 (4)
　　　X 踢死你！ (5)
　　　（妈妈作势要打辛奕，辛奕抓住妈妈的手不放。）
　　　M 放手，放手！你还说啊？你再说啊，你再说啊？ (6)
　　　X 妈妈，请给我把蛋糕搞出来好不好？ (7)

话轮1，辛奕使用威胁手段向妈妈提要求。话轮3，尤其是话轮5，辛奕的回应令妈妈极为不满。辛奕看见妈妈生气欲武力惩罚他时，话轮7他改用礼貌用语"请"重新提出要求，并增加"好不好"来征询妈妈的意见，向妈妈示好。

2. 有实现难度的要求

辛奕的爸爸、妈妈对辛奕吃零食、看电视、买玩具多有限制。辛奕多次遭到拒绝后,当他提出自认为有实现难度的要求时,会比较多地使用协商式指令,使用表商议的语气词、使用礼貌语、增加征询语或者增加辅助语,甚至考虑使用委婉方式表达需求。在提要求的过程中,辛奕还会视爸爸、妈妈的反应调整语言形式。

(1)直接策略

例10　X 妈妈妈妈妈妈。

　　　　M 干嘛?

　　　　X 来抱我一下嘛,好不好? 总在这里站来站去的,不好。

辛奕在伯父家玩。姐姐正在拖地,她不满辛奕到处走把地踩脏了。遭遇姐姐的不满后,辛奕要求妈妈抱他,试图摆脱尴尬。辛奕为实现要求,使用模糊语"一下",降低任务难度,使用语气词"嘛""好不好"征询妈妈的意见,最后说明原因。

例11　X 妈妈等你发工资了,你就给我买个指南针。

　　　　辛奕主动提出实现要求的前提,降低被拒的可能性。

例12　M 你今天去找谁玩?

　　　　X 找丘丘玩,去西湖喂鱼。

　　　　M 等爸爸回来骑白龙马带我们去吧。

　　　　X 你骑黑龙马过去嘛。我做你的指南针,你以前黑天不是到琪俊家时去过,你忘记啦?

辛奕要求去西湖喂鱼,妈妈说要等爸爸回来后骑白龙马(白色摩托车)再去。辛奕央求妈妈骑黑龙马(黑色助力车)带他去,他说要给妈妈做指南针,以此劝说妈妈去西湖喂鱼。

例13　X 爸爸,给我写"喝"字嘛。妈妈妈妈,请给我写"喝"。

辛奕要求爸爸给他写"喝"字,爸爸没有回应。辛奕又要求妈妈帮他写,提出要求的时候特意使用了礼貌用语"请"。

例14　X 爸爸,我想吃柚子。爸爸,我想吃柚子。爸爸,我想吃柚子。爸爸,我想吃柚子。　　　　　　　　　　　　　　　　(1)

　　　　M 辛奕,穿好衣服!　　　　　　　　　　　　　　　　(2)

　　　　X 但是就穿我睡觉那里的衣服嘛。爸爸,我要吃柚子,爸爸,请给我吃柚子。爸爸,请给我吃柚子嘛。　　　　　(3)

— 91 —

　　　　B 啊？等一等。等一下，爸爸在穿衣服呢。　　　　　　　（4）
　　　　X 爸爸，快点帮我剥柚子，快点帮剥柚子。快点帮我剥柚子。快点帮我剥柚子。妈妈，真想吃那个什么酸枣糕。妈妈，我想吃酸枣糕好不好？　　　　　　　　　　　　　　　　　　　　　　　（5）

话轮1，辛奕反复跟爸爸说"我想吃柚子"。辛奕见爸爸没有回应，以为爸爸不同意他吃柚子。话轮3，辛奕改说"我要吃柚子"，接着又换用礼貌表达"请给我吃柚子嘛"乞求爸爸。话轮4，爸爸回答说"啊"，这说明之前不是爸爸不答应，而是爸爸没注意听辛奕说话。爸爸回答说"等一下"后，话轮4，辛奕催促爸爸帮助剥柚子，接着又向妈妈提出想吃酸枣糕，他用"真想"表达强烈的意愿，然后使用"好不好"征询妈妈的意见。

　　例15　X 诶，给我吃棒棒糖。我要吃棒棒糖。爸爸，给我吃。求你啦，求你啦。能不能给我吃棒棒糖？

辛奕直接跟爸爸说"给我吃，我要吃"，爸爸没有回应。辛奕称呼"爸爸"，继续向爸爸提要求，爸爸还是没有回应。辛奕又换用"求你啦"乞求爸爸，并使用"能不能"征询爸爸的意见，指令类型从一般指令变成了协商式指令。

（2）委婉策略

除了使用直接策略提出要求，辛奕还会以委婉策略提出要求。

　　例16　X（对妈妈说）那东西是我最想吃的。

这个句子表面是客观陈述，但真实意图是要妈妈给他买吃的。

　　例17　（G：小郭叔叔，X：辛奕）
　　　　　G 要不要吃饼干？要不要？
　　　　　X 这是什么饼干啊？我好想吃一个饼干啊。
　　　　　G 吃吧，打开。

小郭叔叔问辛奕妈妈和辛奕要不要吃饼干。辛奕没有直接回答说要吃，而只是说"好想吃"，并且提到只吃"一个"。辛奕选择这种委婉表达，是因为妈妈平时都限制他吃饼干，辛奕怕他吃饼干妈妈会不高兴。在与一个同龄小朋友的对话中，辛奕说出了这个原因。

　　　　　H 吃饼干吗？
　　　　　X 不要。我妈妈说我吃饼干的时候，我想吃饼干的时候，她，那时候我想吃饼干的时候，她就说我。

昊远问辛奕要不要吃饼干。辛奕回答说不要，并告诉昊远，妈妈不给他吃饼干。

例18　X 我想买弹珠战机呢。爸爸爸爸，我好想买弹珠战机，爸爸爸爸，我好想买弹珠战机，爸爸，爸爸我好想买弹珠战机。今天买还是明天买呢？

辛奕使用"我想""我好想"反复向爸爸表达强烈的需求愿望，但他实际上不只是想向爸爸陈述愿望。最后一句"今天买还是明天买"给爸爸限购买时间，我们可以看出让爸爸给他买玩具才是他真实的意图。

例19　（X：辛奕，M 辛奕妈妈，B：辛奕爸爸，DM：典典妈妈）
　　　X（辛奕指着盘子里的鸡翅对妈妈说）你看，这个给你——
　　　M 跟大家一起玩的嘛，你不是大四班的？
　　　X 然后那个给他，然后那个给阿姨，然后那个——
　　　M 呃，你想得美！辛！
　　　B 啊？
　　　M 你儿子好精啊！
　　　B 啊？
　　　DM 好聪明的，呵呵呵呵。
　　　M 这里有三个，把那个小的分给我们，留个大的给他。
　　　X 这里有个这个。
　　　M 他说这个给妈妈，这个给爸爸，哈，这个给阿姨，这个留给他。

辛奕喜欢吃油炸鸡翅，但妈妈平时不让多吃。在典典家玩，典典妈妈买了油炸鸡翅给大家吃。辛奕在妈妈和典典妈妈说话的时候，突然指着吃剩的四个鸡翅对妈妈说"你看，这个给你""然后那个给他，然后那个给阿姨，然后那个——"，他的意思是四个鸡翅可以分给在座的爸爸、妈妈和典典妈妈还有他，每人一个。辛奕按经验推测直接提出要求有被拒的可能，他换用大家都获益的方式委婉地提出要求，并且是他人先获益，再到自己，试图增加要求实现的可能，减少被拒绝的风险。

（三）语段分析

下面，我们以一段较长的会话语段来分析辛奕指令类言语行为表达形式的变化。

例20　（X：辛奕，B：辛奕的爸爸。事件：辛奕让爸爸买拼音卡片。）
　　　X 爸爸，不是说给我练吗你？刚刚，你，我明天说叫你，我叫你买，你不买。你看，今天一定迟到啦。　　　　　　　　　　(1)
　　　B 爸爸问老师要买哪一种，看清楚再买。　　　　　　　　(2)
　　　X 还要老师，不用问啦。　　　　　　　　　　　　　　　(3)

B 快起床啦,爸爸跟你一起去问要买哪一种,好不好?起床了没有? (4)

X 白天亮喽。晚上,白天,老师叫明天要诶! (5)

……

X 还是去买吧。快点买吧,你不买当然,真的就要那样咯。 (6)

B 就怎么样? (7)

X 买吧,买吧。还是买吧,哈? (8)

……

X 不许总是缠住我。 (9)

B 踢腿,辛奕踢腿很厉害的对不对?出拳也很厉害,对不对?快点起来,踢一下腿,出一下拳。 (10)

X 那你现在就去给我买! (11)

B 出拳,爸爸看一下,快点! (12)

X 不行。 (13)

B 为什么? (14)

X 你要给我买那个! (15)

B 辛奕,起床了啊! (16)

X 你起,快点给我去买。快点! (17)

B 什么快点啊? (18)

X 快点买嘛,不然—— (19)

B 买什么买啊? (20)

X 那老师说的也不买啊,哈? (21)

B 买呀。 (22)

……

X 等下去买,老师说明天练诶。 (23)

……

X 现在就买,放学回来就不用再总是买啦。现在就去买。 (24)

B 那就现在起床吧。穿衣服吧。好不好? (25)

……

X 买东西去,买我说的。 (26)

早上醒来后,辛奕不满爸爸前一晚没能给他买老师要求买的拼音大卡片。爸爸说要向老师问清楚才能买。辛奕急着要买,回答说不用再问老师,然后还特意提醒爸爸,"老师叫明天要诶"。话轮6,辛奕试图说明不买拼音大卡片的结果,劝说爸爸马上去买拼音大卡片。话轮8,"买吧,买吧,还是买吧,哈",辛奕多次使用语气词"吧",传递出强烈的买卡意愿。爸爸让辛奕做一个跆拳道踢腿动作,辛奕因为爸爸没有同意买卡而直接拒绝爸爸的要求。话轮11、15,辛奕提出让他踢腿的条件是爸爸要给他买卡,他限定时间让爸爸去买卡"那你现在就去给我买""你要给我买"。话轮17,辛奕催促爸爸"快点给我买,快点"。话轮18,爸爸不满辛奕的命令口吻。话轮19,辛奕仍然催促爸爸"快点买",但因为使用了语气词"嘛",语气从命令变成了央求。话轮20,爸爸回答说"买什么买"。辛奕以为爸爸不想给他买卡,话轮21,辛奕反驳说"那老师说的也不买啊,哈"。这说明辛奕清楚老师的权势地位,知道老师的要求应该服从。话轮23,辛奕坚持要买并强调"老师说明天要练诶"。话轮24,辛奕劝说爸爸现在买,放学回来就不用买了。话轮26,辛奕命令爸爸"买东西去,买我说的"。

这个语例中,事件发展的过程是:辛奕不满爸爸没按老师要求买拼音卡,要爸爸买卡。——爸爸没答应买卡,辛奕央求爸爸买卡。——爸爸要辛奕踢腿,辛奕命令并催促爸爸买卡。——爸爸不满辛奕的语气,辛奕劝说爸爸买。——最后辛奕再次命令爸爸买卡。

因为辛奕自己没钱买卡,只有爸爸才能给他买,所以辛奕使用协商式指令形式,央求爸爸买卡。因为卡是老师要求买的,不买卡会被老师批评,辛奕情急之下又以强势指令形式,命令并催促爸爸给他买卡。爸爸不满辛奕的命令口吻,辛奕又转为协商式指令形式劝说爸爸买卡。

可见,要求的表达形式不仅与要求的难易程度有关,也与要求实现的紧迫性,要求者的意愿强弱有关。

二 对老师的指令

(一) 师生之间的用语特点

家庭和学校是儿童的两个主要活动场所。从社会距离来看,老师跟学生是十分熟识的关系,所以老师和学生之间的会话也比较直接。但是,和父子关系、母子关系一样,老师和学生之间也具有权势关系。相对于学生,老师是权势关系中的强势方。教师凭借传统文化和社会舆论所赋予的身份和地位,通过对学生实施指导权、评价权、惩戒权、批评教育权、任命班干部权等具体的权力,对学生产生使其信服的影响力。

例21 老师说:<u>都坐好,老师来奖卡啦。好,来,请坐好!</u>
学生齐声说:我坐好!

辛奕在岭海兴趣班学画画。画好以后，老师要求大家都坐好，然后奖励表现好的小朋友，给他们发积分卡。小朋友齐声说"我坐好"，服从老师的指令。

学前儿童也会有顶撞行为，但这是极少数。如：

例22　（S：石老师，N1：某小朋友，X：辛奕）

　　　S 请安静！

　　　N1 我不安静。

　　　S 那你就说！

　　　X 我安静！

辛奕在岭海兴趣班学画画。画画时，老师要求大家安静，某小朋友顶撞说"我不安静"。老师不满他的顶撞，故意说反话让N1继续说。辛奕则服从老师的指令，回答"我安静"。

老师对学生可以实施命令、批评、警告威胁，学生往往不能违抗老师的指令，不能对老师实施命令、讽刺、训斥、警告威胁等言语行为。生活中，儿童经常跟父母撒娇，讲条件，但不会这样对老师。

下面这个例子，我们可以看到老师对学生的一些用语特点。

例23　（F：付老师，X：辛奕，N：幼儿园某小朋友，Q：丘丘，C：蔡老师）

　　　F 洗手，去洗手！

　　　X 吃饭。洗手，吃饭吗？

　　　F 吃饭。

　　　……

　　　F 辛奕，坐这里！

　　　……

　　　F 吃完还可以再来添啊，这里还有。还要不要？

　　　X 不要。

　　　F 放到那盆里，那个黄色的盆。先坐着等吧，等小朋友吃完到那边去。

　　　……

　　　F 你们两个要去哪里？丘丘，丘丘，在这边等啊。

　　　X 嗨21。

　　　F 两个人在那里说说话，不要跑来跑去！

　　　……

F 刚吃完饭不能跳!

……

F 手不要被夹到。丘丘,你要注意啊,不要放在中间那条缝。

……

F 排队了!

X 排队咯。

……

N 干嘛坐我的位子?(N 把占他位子的小朋友从座位上推开)

F 这是做哥哥的榜样吗?

……

(小朋友一边看电视,一边吵闹)

C 是不是不想再看啦?不想再看我把电视关掉啦!睡觉啦!

N 我想。

C 想看就要好好坐在板凳上看啊。丘丘,还看不看?

Q 还看。

C 还看是吧?好,还看就坐在板凳上看。

这是辛奕在幼儿园午饭前后的一段录音材料。付老师要求小朋友洗手去餐厅吃饭。辛奕吃完饭后,付老师让辛奕在一边等候,不能跑动。小朋友都吃完后,付老师要求大家排好队回到教室看一会儿电视,然后午休。回到教室,小朋友 N 责怪其他小朋友占了他的位子并把别人推开,付老师批评 N。看电视的时候,蔡老师不满小朋友吵闹,威胁说要关电视午休,小朋友马上安静了下来。

(二)指令策略选择的制约因素

语料中辛奕对老师发出的指令,其策略和语言形式的选择主要受指令是否为常规指令的影响。如果是常规活动中的常规要求,辛奕使用直接策略发出指令,并且为一般指令或协商式指令。如果是非常规要求,辛奕则可能使用委婉策略发出指令。

例24 (S:石老师,X:辛奕,W:文老师,N 兴趣班某小朋友)

X 老师,我真想喝水。 (1)

S 想喝水啊? (2)

X 嗨21。 (3)

S 等一下叫姐姐拿。 (4)

……

X 老师，怎么水——，我要喝水诶。 (5)
S 喝水啊？等下姐姐拿到教室给我们喝。 (6)
……
X 老师，我都好渴呀！老师，还没送到！我渴死啦！我要喝水。 (7)
……
X 渴死了，老师。 (8)
S 等姐姐拿来啊。 (9)
……
W 好，过来，喝水。 (10)
X 水在哪？渴死啦，渴死啦！ (11)
N 渴死人啦，渴死人啦。 (12)
X 渴死啦。快，快！水在哪，水在哪？好渴，好渴哟。 (13)
W 慢点，慢点。 (14)
X 终于不渴啦。 (15)
N 我也要喝，老师，我也要喝。 (16)
……
X 老师，我还要喝水。老师，你那个水要不要喝呀？ (17)
S 等一下再喝好不好呀？ (18)
X 噢53，嘣21。 (19)

辛奕在兴趣班学画画。上课的时候，辛奕口渴想喝水。话轮1，他对老师说"我真想喝水"。因为还在上课，石老师让辛奕等一会儿。过了一会儿，辛奕见水没来，话轮5、话轮7，他直接对老师说"我要喝水"，但是老师还是让辛奕再等一等。文老师把水拿来了，辛奕终于喝到水了。其他小朋友也跟着要求喝水。等候喝水时，辛奕不断嚷嚷"渴死了"。辛奕虽然以直接方式对老师提出要求，但他明显控制了他的音量和语气。辛奕喝了水以后还觉得口渴，但是已经没有水。话轮17，他跟老师说还要喝水。辛奕见老师的杯子里还有水，他想喝石老师的水。他没有直接对石老师说，而是试探地问石老师"老师，你那个水要不要喝呀？"石老师明白辛奕的意图，她回答说"等一下再喝好不好"，话轮18表面是建议，实际上是对辛奕请求的拒绝。话轮19"噢53，嘣21"，说明辛奕知道石老师不允许自己喝她杯里的水。

例25 S 辛奕，你要不要画恐龙，好不好？那一张太难画是不是？ (1)
　　　X 唡21。 (2)

S 可以稍微做一下修改。 (3)

X 好难看啊,刚刚那个。 (4)

S 好,开始画。 (5)

X 噢,画一个圆。 (6)

……

S 哇,辛奕画得挺好呀。不用涂,不用涂,待会我们试画一下,然后用其他的彩色再画好不好? (7)

……

X <u>老师,老师,难画</u>。 (8)

S 草地上的恐龙。 (9)

……

X 老师,要涂吗?老师,要涂吗? (10)

S 要啊。按照你刚才画的把它画一张,在这里。画好一点。不用涂,不用涂。只画一个外形。待会我们用色彩来涂啊。 (11)

X <u>老师,我觉得那个恐龙好难画</u>。……<u>老师,我觉得好难画,我觉得好难画恐龙</u>。 (12)

S 那刚才的你那一张要不要? (13)

X <u>好难画呀</u>。 (14)

S 你想怎么画就怎么画,不要管那张好不好? (15)

……

S 啊,画的是什么啊? (16)

X 飞船,飞船。 (17)

S 飞船?……辛奕那张要重新画。辛奕,你这一张这样涂不好?我们重新好不好? (18)

X 啊? (19)

S 老师帮你。 (20)

X <u>画不了了</u>。 (21)

……

X <u>涂不了了</u>。 (22)

S 等一下,画的时候要慢慢画,不要急。要不然你那样涂,待会不能修改啦。怎么办啊?没办法拯救啦。 (23)

……

X 老师,老师,<u>觉得慢慢地涂好累啊,太累了。慢慢涂好累啊</u>,

好累啊。老师，觉得慢慢涂好累啊。　　　　　　　　　　　(24)
S 好累吗？慢慢来。　　　　　　　　　　　　　　　　　(25)
……
X 老师，我还是不要搞蓝天吧？老师，我还是不要涂蓝天吧？
　　　　　　　　　　　　　　　　　　　　　　　　　　(26)

　　辛奕在岭海学画画。老师给每个小朋友发了不同的画，让小朋友模仿。石老师发现发给辛奕的那张画，辛奕模仿起来可能比较困难，就问辛奕要不要画恐龙，辛奕回答说可以。辛奕开始画恐龙，但是一会儿后，他跟老师说恐龙很难画。他想像之前那样，如果难画就能换其他容易的画，但是老师让辛奕继续画恐龙。话轮12，辛奕反复对老师说恐龙难画，却始终没有直接对老师说不想画恐龙。老师让辛奕选择画之前的那幅画，辛奕说难。老师让辛奕随意画，不用全部照着原来的画。辛奕以为可以想怎么画就怎么画，结果在纸上画了一个飞船。老师坚持让辛奕画恐龙，并答应帮助他重新画，但是辛奕仍然觉得很困难。话轮21，他对老师说"画不了了"。老师要求辛奕重新涂色，辛奕又对老师说"涂不了了"。老师让辛奕慢慢涂色。话轮23，辛奕反复对老师说"慢慢涂好累"，但没有直接对老师说不要涂。老师鼓励辛奕慢慢涂。过了一会儿，辛奕发现按原画他还要给天空涂上蓝色。话轮26，他终于忍不住央求老师说"我还是不要搞蓝天吧，老师，我还是不要涂蓝天吧"。

　　上课时间要求喝水，想喝老师的水，上画画课却不想画画，这都不是常规要求。辛奕表达策略的变化说明辛奕意识到了要求的不同性质。

（三）对比分析

　　相对孩子，老师和父母都是权势关系的强势方，但是老师是学校权威，父母是家庭权威，前者具有公众性。这两者的差别带来辛奕对老师和对父母指令类言说方式的差别。下面，我们用实例来比较辛奕对老师和对父母指令类言说方式的不同。

　　例26　X 拿水！哪里有水？哎呀！
　　　　　　M 干嘛？
　　　　　　X 喝水，渴死啦！
　　　　　　M 谁叫你不拿水？

　　辛奕在西区跟小朋友玩。要回家了，爸爸把辛奕叫上了车。辛奕上车后急着要喝水，言语间极不耐烦。因为辛奕说话时的音量、语气不加控制，妈妈很是不满，责怪辛奕出去玩的时候自己不拿水。

例27　X 哇，好难完成啊。……爸爸，先写"水"和"火"，明天写那
　　　　个"电"和组词嘛，这样好一些。　　　　　　　　　　　(1)
　　　B 今天写完，明天就不用写了。　　　　　　　　　　　　　(2)
　　　X 为什么？为什么？明天干嘛？　　　　　　　　　　　　　(3)
　　　B 今天晚上做完作业，明天就不用写了嘛，对不对？那你今天做
　　　　完了，明天就不用再写了，等下你明天起不了这么早，那就做
　　　　不了作业了对不对？　　　　　　　　　　　　　　　　　(4)
　　　X 先写水和火，再后写，这么不行啊？　　　　　　　　　　(5)
　　　……
　　　X 下课了对不对？爸爸，先写水和火嘛。明天再写电和组词嘛！
　　　　　　　　　　　　　　　　　　　　　　　　　　　　　　(6)
　　　B 不行。　　　　　　　　　　　　　　　　　　　　　　　(7)
　　　X 为什么啊？　　　　　　　　　　　　　　　　　　　　　(8)
　　　B 没为什么。做事情要一次做完。　　　　　　　　　　　　(9)
　　　X 又是这个！很难写的，很难写的。我还怎么办？哼，很难完成。
　　　　要等很久，真的很久。　　　　　　　　　　　　　　　　(10)
　　　……
　　　X 哎呀！爸爸，爸爸，你给我很难完成干嘛呀？　　　　　　(11)
　　　B 快点啊。　　　　　　　　　　　　　　　　　　　　　　(12)
　　　X 但是这是很难的。　　　　　　　　　　　　　　　　　　(13)
　　　B 不难，你还在那里讲话。　　　　　　　　　　　　　　　(14)
　　　X 完成很难！　　　　　　　　　　　　　　　　　　　　　(15)
　　　……
　　　X 我要现在组词再那样，先组词，明天再组吧？　　　　　　(16)
　　　B 今天组。那行吧，写，把那三个写好，把"水"、"火"、"电"
　　　　写好，明天再组词好不好？　　　　　　　　　　　　　　(17)
　　　……
　　　B 哎呀，你做作业都不认真的，搞来搞去的，你要做到什么时候？
　　　　　　　　　　　　　　　　　　　　　　　　　　　　　　(18)
　　　X 那你要给我贴星星啊。　　　　　　　　　　　　　　　　(19)

　　话轮1，辛奕认为作业太难，向爸爸提出要求今天先写字明天再组词。爸爸不同意。话轮3，辛奕连用两个"为什么"表示不满，并问爸爸"明天干什么"，意思是要是今天把作业都做完了，明天就没事做了。话轮5，辛奕还

是坚持明天组词。话轮6，辛奕使用语气词"嘛"央求爸爸。话轮10、话轮11，辛奕多次表示对爸爸不满。话轮16，辛奕使用语气词"吧"再次提出要求。爸爸终于答应辛奕的要求。辛奕没认真做作业，爸爸批评辛奕。话轮19，辛奕向爸爸索要奖励"那你要给我贴星星啊"。

类似的要求，辛奕对老师和对爸爸妈妈的言谈方式却有比较大的差异。例27，辛奕反复向爸爸提要求，并且多次表示对爸爸不满，最后还向爸爸提条件。但是，例25，辛奕只是反复对老师表达感受，不得已的时候才向老师提出要求，而那个要求也只是一个小要求，还不能看成对老师画画指令的违抗。可见，对老师，辛奕明显调控了自己的情绪和言语表达。

三　对其他成人的指令

这里的叔叔、阿姨、爷爷都是亲属称呼转用做社交称呼。因为辛奕想向他们请求得到物质帮助或行动帮助，所以辛奕用的多是协商式。但是情急或不满时，辛奕会以命令语气发出指令。

例28　（X：辛奕，HM：昊远妈妈）

X 啊，用纸来点火。跟你妈妈说。阿姨，<u>那个车子我想用纸来点火</u>。

HM 哪个用，哪个用纸点火啦？

X 对。

HM 不能用纸的。

X <u>用好纸我就踩掉嘛</u>。

辛奕要求用纸点火，但昊远妈妈不允许。辛奕知道昊远妈妈拒绝他的原因是因为纸起火不安全，他赶紧解释说"用好纸我就踩掉嘛"。

例29　（X：辛奕，NY：玥玥爷爷）

X 啊！爷爷，等一下帮我把这个脚安上去，我不会安。……哼，这个屁东西。麻烦麻烦！哼，刚刚还玩得挺好的（自语）。<u>爷爷，帮我啊，帮我安。爷爷，帮我安一下</u>。　　　　　　　　　(1)

NY 干什么？　　　　　　　　　　　　　　　　　　　　(2)

X <u>安安安，安上去，安上去，安啊</u>。　　　　　　　　　　(3)

NY 这几个要——　　　　　　　　　　　　　　　　　　(4)

X <u>这里，把它安上去，安上去，我不会安</u>。　　　　　　　(5)

辛奕的玩具被小朋友弄坏了。话轮1，辛奕让玥玥爷爷帮安玩具，他向玥玥爷爷强调说自己不会安。辛奕见玥玥爷爷没有回应他，他又继续对玥玥爷爷说"爷爷,帮我啊帮我安,爷爷,帮我安一下",句中辛奕两次称呼对方"爷爷",然后使用动词"帮"和"V一下"格式。玥玥爷爷没领会辛奕的意思。话轮3,辛奕催促玥玥爷爷帮他安玩具。话轮5,辛奕再次向玥玥爷爷强调他自己不会安。

例30　(X:辛奕,LM:柳兴妈妈)

  X 阿姨。　　　　　　　　　　　　　　　　　　　　(1)

  LM 诶。　　　　　　　　　　　　　　　　　　　　(2)

  X <u>等下帮我吹一吹我的纸</u>　　　　　　　　　　　　(3)

  L 放到这里,我帮你吹一下。　　　　　　　　　　　(4)

  ……

  X <u>阿姨帮我吹</u>。　　　　　　　　　　　　　　　　(5)

  ……

  X <u>等下帮我吹一下我的画,阿姨</u>。　　　　　　　　(6)

  LM 啊?　　　　　　　　　　　　　　　　　　　　(7)

  X <u>帮我吹一下我的画</u>,不小心掉到那里了。　　　　(8)

  LM 那怎么个吹法咧?掉到水里面去了是吧?　　　　(9)

  X 咦,在那个地,有水的那个地方,掉到那里。　　　(10)

  LM 那你放在那里晾干不就行了。　　　　　　　　　(11)

  ……

  X 嗯35,<u>帮我搞,阿姨帮我搞</u>。　　　　　　　　　　(12)

话轮3,辛奕使用动词"帮"和"V—V"格式要求柳兴妈妈帮他吹干纸。柳兴妈妈在忙其他的事。辛奕见柳兴妈妈没有帮他吹,话轮5和话轮6,他对柳兴妈妈重复发出要求。话轮7,柳兴妈妈回复"啊",说明柳兴妈妈之前没有注意辛奕的要求。话轮8,辛奕再次提出要求,并告诉柳兴妈妈,纸是他不小心搞湿的。言外之意是,他并不是胡闹,没事找事。话轮11,柳兴妈妈让辛奕把纸放在一旁晾干就好。话轮12,辛奕坚持要柳兴妈妈帮吹。

例31　(X:辛奕,SU:叔叔)

  X 啊!<u>帮我搞</u>!谁叫你搞成这样的?

  SU 哪一个啊,怎么搞?叔叔不会搞耶,把这搞进去?

辛奕不满叔叔把他的玩具搞坏,虽然使用"帮我搞"发出要求,但是却用了命令的语气,毫不客气。

— 103 —

四　小结

辛奕向父母提要求，交际策略和语言形式的选择主要受要求实现难易程度的影响。对容易实现的要求，辛奕多以一般指令形式直接提出，音量和语气比较和缓、不生硬。辛奕偶尔也会使用命令语气和威胁方式提要求，但会遭到父母训斥。对有实现难度的要求，辛奕会根据以往的经验选择交际策略，然后选择具体的语言形式。如果使用直接策略，一般会选择使用协商式指令形式。如果使用委婉策略，辛奕则以试探、互惠互利等方式委婉提出要求。在提要求的过程中，辛奕还会视受话人的反应调整语言形式。此外，辛奕能借用他人权势（老师）对父母施加影响，帮助自己实现要求。

对老师，辛奕能比较好地控制自己的情绪和语言表达。如果是常规活动的常规要求，辛奕一般会选用直接策略，以一般指令形式或协商式指令形式提出。如果是非常规要求，或者这种要求有可能违背老师的意愿时，辛奕会以比较委婉的方式提出要求。语料中，辛奕不曾以命令语气和威胁方式向老师提要求。

辛奕向叔叔、阿姨、爷爷提要求，一般使用协商指令形式。

情势缓急和心情好坏会影响辛奕指令类言语行为的表达形式。

第三节　对同伴的指令行为

我们将辛奕的同伴主要分成大龄同伴和同龄同伴两类，分析时除了考虑年龄大小，还考虑主客场、同伴性别、性格类型等因素。

一　对年长同伴的指令

（一）对柳兴的指令

1. 辛奕与柳兴的关系和用语特点

柳兴，读小学一年级，比辛奕整整大一岁。他住辛奕楼上，是辛奕最常在一起玩的伙伴。柳兴年龄比辛奕大，因此身高比辛奕高，力量比辛奕大，接受新事物的能力比辛奕强，思维能力和语言表达能力比辛奕好。因为有诸多优势，和辛奕玩耍时，柳兴总是起主导作用，是强势方。辛奕虽然经常抱怨柳兴以大欺小，但还是很喜欢跟柳兴玩。当辛奕还不是很懂游戏规则的时候，柳兴经常带着辛奕玩装扮游戏、电脑游戏、下飞行棋、走迷宫、折纸，斗赛车，这让辛奕感觉十分新鲜和有趣。

下面的对话可以看出辛奕对柳兴抱有很强的交往意愿。

例32　L 把枪放到哪里去了？快点说！
　　　　X 把箱放到哪了？
　　　　L 快点！
　　　　X 在，在在——，我来找一找看。
　　　　L 不要。
　　　　X 找诶。
　　　　L 你回家！
　　　　X 我在找诶！
　　　　L 在学校你要拿——，是你拿的。
　　　　X 我要玩。我不走。
　　　　L 我数两声，十秒。
　　　　X 我玩也不行啊？

辛奕在柳兴家玩。柳兴找不到枪就说是被辛奕拿走了。柳兴要赶辛奕回家。辛奕说帮柳兴找枪，柳兴不要。柳兴命令辛奕走，但辛奕仍然坚持要在柳兴家玩。

与辛奕相比，柳兴有诸多优势，所以言语交际中，柳兴对辛奕的有效劝说和威胁多于辛奕对柳兴的有效劝说和威胁。柳兴多能坚持住自己的要求，而辛奕经常对柳兴提要求却也经常妥协。

语料中，辛奕对柳兴的指令共157例。其中强势指令有34例，如：

例33　X 给我！给我！不要！叔叔，他老不给我。
例34　X 哎呀，给我去捡笔！
例35　X 不能看，你不能看！不然我就把它撕了。
例36　X 把车拿回去！柳兴把车拿回去！柳兴把车拿回去！
例37　X 我要玩滑板车，这是我的耶！只能借你！啊！你要经过我的同意，你要经过我的同意！
例38　X 柳兴，快点拿上地图！然后我这里有很多地图，快点拿住！
例39　X 我要过去！

一般指令句有56例，语气和缓，如：

例40　X 诶，我们现在来玩斗牛游戏。
例41　X 啊！给我看这个。
例42　X 等下我拿着战机来的时候，你就，你就点这些火，然后来发射。

例43　X 电风吹，把它吹。

例44　X 叫你妈妈来帮我吹那个。

例45　X 等下你给我画植物大战僵尸。

协商式指令有67例，或带有语气词"吧""嘛""啊"，或带动词重叠式、数量词组"一下"，或带有征询语"好不好""能不能"。如：

例46　X 你还是不要装子弹吧，哈？你还是不要装子弹吧。等一下你打到人你就死啦。

例47　X 还是不要玩暴力摩托吧？还是不要玩暴力摩托车嘛。

例48　X 不要玩暴力摩托啦。

例49　X 能不能不要总是重新来重新来嘛。

例50　X 你能不能帮我吹一下这个湿湿的呀？电风吹来吹。

例51　X 给我看一看好不好？我也要看一下那个鬼的。

2. 指令策略选择的制约因素

指令的利益性质、交往意愿强弱会影响辛奕指令行为的表达形式。

（1）指令性质

利己指令，即请求得到物质或行动帮助时，辛奕通常使用一般或者协商式指令。

例52　(X：辛奕，L：柳兴，在柳兴家，辛奕要柳兴用电吹风把画吹干。)

　　　X 电风吹，把它吹。　　　　　　　　　　　　　　　　　(1)

　　　L 辛奕，小弟弟，不要打我的小屁屁。　　　　　　　　　(2)

　　　X 你能不能帮我吹一下这个湿湿的呀？电风吹来吹。　　(3)

　　　……

　　　X 帮我吹一吹嘛。　　　　　　　　　　　　　　　　　　(4)

辛奕的画掉在地上弄湿了。去到柳兴家，辛奕一见柳兴就直接要他用电吹风把画吹干。柳兴只是逗辛奕玩。辛奕见柳兴没有回答，话轮3，辛奕改用征询式再次向柳兴提出要求，并增加动词"帮"，微量短语"一下"和语气词"呀"。话轮4，辛奕再次要求柳兴，句末使用了表央求的语气词"嘛"。

（2）交往意愿强弱

例53　(X：辛奕，L：柳兴，M：辛奕的妈妈。柳兴在辛奕家搭积木)

　　　X 你要搭一个大巨人。　　　　　　　　　　　　　　　　(1)

　　　L 这是老鹰，不是巨人。这很厉害的。诶，你看！这是老鹰飞舞。

　　　　　　　　　　　　　　　　　　　　　　　　　　　　　(2)

X 你不要老是搭这些。搭神兽,那个合体的。 (3)
L 好,这就是合体的巨人啊。 (4)
X 这么小。大点,更大,全部大! (5)
……
X 再大嘛!小气鬼,像以前一样。 (6)
……
X 怎么这样子?把它弄得很大嘛! (7)
……
X 还要再搭多一点!四个纸。 (8)
L 已经够大啦。 (9)
……
X 太扁啦! (10)
L 好,你看合体啦。 (11)
X 笨笨,怎么这么短的手啊?长,像我的手一样! (12)
L 不到你家玩了。你老是这样对待客人。 (13)
X 啊?客人! (14)
M 你们一起弄嘛! (15)
X 一起弄。这样子,这样子,全部弄上去不就行了?好吧,就这样吧。再搭一下,再搭一下。 (16)

柳兴在辛奕家搭积木玩。辛奕在看电视,玩其他的东西,没有跟柳兴一起搭积木。辛奕不喜欢柳兴搭的老鹰,要求柳兴搭合体神兽。柳兴改搭合体巨人后,话轮5、6、7、8、10、12,辛奕多次嫌柳兴搭的巨人太小,要柳兴搭大巨人。柳兴增加了积木数量,辛奕还是不满意。辛奕的反复要求引发了柳兴的不满,话轮13,柳兴对辛奕说"不到你家玩了,你老是这样对待客人"。柳兴"客人"一词对辛奕有所触动,他突然醒悟地说到"啊?客人"。这说明在此之前,辛奕并没有明确柳兴的客人身份。在妈妈的建议下,辛奕调整了主客对待方式,和柳兴一起搭合体积木。

……
L 这是我们两个。好了,我又搭了一个了。 (17)
X 这是两个我的啊? (18)
L 没有。 (19)
X 一个你的,一个我的啊? (20)
L 嗨,不行。这两个是我,因为是我搭的。 (21)

X 嗯 35。 (22)
L 那我回家了。 (23)
X 我送你一个东西。 (24)
L 送这个好吧？ (25)
……
X <u>这是我的噢。你在我家画就是我的，我在你家画就是你的</u>。
(26)
L 你要送给我的。 (27)
X 为什么？ (28)
L 因为这是我画的，要不我就回去了。 (29)
X 那，好吧，本来不想的。 (30)

搭好巨人以后，对巨人的归属，辛奕和柳兴有不同意见。柳兴要两个巨人，辛奕不同意。话轮24，柳兴威胁说要回家。辛奕以说要送柳兴东西的方式挽留柳兴。

画画时，辛奕提出画好的画要归他所有，理由是"你在我家画就是我的，我在你家画就是你的"。柳兴要求辛奕把画送给他，话轮29，柳兴又一次威胁说要回家，辛奕则再一次妥协。

例 54 （辛奕在柳兴家，柳兴用玩具枪打辛奕。）

X <u>不要这样！等下，等下你打，打到我的这里，等下你就完蛋啦</u>。
(1)
L 完蛋就完蛋。 (2)
X <u>跟你爸爸说</u>。 (3)
……
X 你还是不要装子弹吧，哈？你还是不要装子弹吧？等一下你打
   到人，你就死啦。不要装子弹。 (4)
L 没死。因为不是那种圆圆的子弹。 (5)
X 还是，不要，不要远处打。近处打才行。不然，不然—— (6)
……
X <u>那以后不要来你家玩了</u>。 (7)
L 好，走啊，走啊！ (8)
X 老是这样！ (9)
L 走啊，走啊，快走啊！回家啊！ (10)
X 那你以后不要总是说人家。 (11)

L 你不走啊？你不说回家吗？ （12）

……

X <u>不能到远处打，只能到近处打。</u> （13）
L 能。 （14）
X <u>停一下，我得把防弹衣搞，可是我是不能打这里的。</u> （15）
L 痛不痛啊？ （16）
X 可是你不能打我这里，有录音机。还是不要玩这个吧，等下你
—— （17）

……

L 那我打你这里。 （18）
X 腿也会的吧。但是我们为什么不能闪开呢？……我家去拿，<u>不要玩这个枪</u>。我家去拿，那个蓝色的枪。<u>不要玩这个枪</u>。蓝色的枪。……不听话！你连话都不听还怎么搞啊？我停止游戏先。为什么你玩游戏你就要玩这些暴力的游戏啊 （19）
L 玩电脑游戏。走！ （20）

辛奕在柳兴家玩。辛奕不喜欢柳兴对着他玩手枪。话轮1，辛奕直接要求柳兴停止游戏，但是柳兴不以为然。话轮3，辛奕威胁说要告诉柳兴爸爸，柳兴表示无所谓。话轮4，辛奕劝说柳兴"你还是不要装子弹吧"。话轮7，辛奕威胁说不要到柳兴家玩，但结果反被柳兴驱赶。辛奕无法劝说柳兴停止游戏，话轮13，辛奕只好退一步要求柳兴"不能到远处打，只能到近处打"。柳兴说要打腿，辛奕不同意。话轮19，辛奕几次要求柳兴不要玩，并表示强烈不满。柳兴觉得无趣，最终改玩电脑游戏。

例53，在辛奕家，柳兴不满辛奕的挑剔，他威胁辛奕说要走。柳兴的威胁迫使辛奕做出退让，柳兴化被动为主动。话轮23、29，柳兴又两次威胁辛奕说回家不和辛奕玩，辛奕又不得不退让。例54，在柳兴家，辛奕不满柳兴对着他玩手枪，辛奕两次威胁柳兴却无法达到目的。话轮7，辛奕威胁说不要到柳兴家玩，结果反被柳兴驱赶，使自己很尴尬。形成这种差异的最主要的原因就是交往意愿，辛奕对柳兴抱有比较强烈的交往意愿，不愿柳兴离开，才会使柳兴的威胁多次生效。

从辛奕与柳兴的交往中，我们看到，指令的利益性质和交往意愿会影响辛奕指令行为的表达形式。如果辛奕被其他事物吸引，暂时没有强烈的愿望与柳兴交往，而又跟柳兴有不同意见时，辛奕会坚持自己的意见。当辛奕希望跟柳兴玩耍，有不同意见时，他通常会反复跟柳兴协商。利己指令，即请

求得到物质或行动帮助时，辛奕通常使用一般式指令或者协商式指令。

二　对同龄同伴的指令

（一）对典典的指令

典典，五周岁男孩，辛奕幼儿园的同学，冲突型性格。典典喜欢跟辛奕玩游戏。

例55　（D：典典，X：辛奕。在典典家小店玩。）

X 诶，虎虎生威，虎虎生威。<u>我们两个选喜羊羊，好吧</u>？	(1)
D <u>你选假的，我选真的</u>。	(2)
X <u>两个都是真的，好吗</u>？	(3)
D 好！	(4)
X <u>我和你混在喜羊羊的那里，好吗</u>？	(5)

辛奕在典典家小店玩。话轮1，辛奕向典典提议玩喜羊羊的游戏，使用"好吧"征询典典的意见。话轮2，典典要求辛奕选假的，自己选真的。话轮3，辛奕没有与典典争选真喜羊羊，而是提议两个人的都是真的，然后又一次征询典典意见，典典表示同意。

在辛奕与典典的交往过程中，影响辛奕指令策略选择的主要因素是交际目的。辛奕对典典的指令，有协商有命令，有劝说有威胁，形式随交际目的的变化而变化。

例56　（D：典典，X：辛奕。N：典典奶奶。在典典家小店折纸。）

D 想要折吗？	(1)
X 想。	(2)
D <u>要乖乖听我的话，我才教你</u>。	(3)
X 好。	(4)
D <u>乖乖听我话，我才折。自己打自己</u>。	(5)
……	
X 折好不好？	(6)
D <u>自己给我折。自己给我打自己，屁股</u>！	(7)
X 打啦。	(8)
D <u>我还没说停。你你你，我就不教你</u>。阿弥陀佛。	(9)
X 好了没啊，能了吗？哇，这是什么啊，哈？明天要——，（看见花瓶问典典）什么啊？	(10)
D 花瓶。	(11)

X 啊？谁给你的呀？	(12)
D 老师呀。	(13)
X <u>能不能给我</u>？	(14)
……	
X <u>折吧。能不能给我（花瓶）啊</u>？为什么？好，不跟你好啦。等一下。	(15)
D 因为你知道我的秘密。	(16)
X <u>能不能，求你啦</u>。	(17)
D 不能。那那开学啦，你要还给我哟。	(18)

典典问辛奕想不想折纸，辛奕说想。典典要辛奕自己打自己的屁股。为了得到折纸，辛奕答应了典典。辛奕想要典典给他花瓶。话轮14，辛奕使用"能不能给我啊"，征求典典同意。话轮15，辛奕问典典能不能给他花瓶，辛奕见典典没回应，威胁典典说"好，不跟你好啦"，典典还是不答应。话轮17，辛奕又使用"能不能，求你啦"乞求典典。典典先回答不能，然后退让，提条件说"那那开学啦，你要还给我哟"。

例57　(D：典典，X：辛奕。在典典家小店玩。)

X <u>给我好不好</u>？你不给我！好，我不跟你好啦。给我！我不跟你好啦。	(1)
D 你刚才弄我。	(2)
X 对不起！	(3)
D 没有。	(4)
X 诶，你看，你刚刚坐在这里。然后我这样，然后你这样。嘣嘣崩嘣！看这个，都怪它！	(5)
D 都怪你和它！	(6)

X 没有。我跟你说，你刚刚这样，啊嘣，这样的，所以这个都怪它。坐高一，不能给你说的。<u>能不能给我啊</u>？这是我折的。　　　　　　　　(7)

话轮1，辛奕问典典要东西，用"好不好"征求典典同意。辛奕见典典不同意，他威胁说不跟典典好。话轮2，典典不满辛奕之前使他从摇摇车上摔下来。话轮3，辛奕立即道歉。话轮5、话轮7，辛奕一再辩解说让典典摔跤的是摇摇车而不是他。话轮7，辛奕继续问典典要东西，用"能不能"和"啊"，缓和语气，征求典典同意。

例58　(D：典典，X：辛奕。在典典家小店玩电动音乐摇摇车。)

X 好。给我硬币，玩车子。硬币，硬币在哪里？嗯，五个吧，五个，五个，够吗？诶，好啦。我们来玩吧，走吧，来玩汽车吧！
(1)
D 全部给我。 (2)
X 不要，不要。嗯，这五个不能分。你去拿五个吧。 (3)
D 那就我电关掉。 (4)
……
X 关掉啦？那我，去拿吧。 (5)
……
X 怎么搞到这里来啦？啧，我想，你去拿五个吧！ (6)
D 我把它电关掉。 (7)
……
X 能不能给我开呀？ (8)
D 不能，你不给我坐，好，这个就电没关掉，你坐呀。 (9)
……
X 我来帮你拿一些吧，拿一些吧，拿一些。 (10)
D 你你你要给我买。 (11)
X 买什么呀？ (12)
D 买零食，我才能还给你。 (13)

典典家小店里的电动音乐摇摇车需要投币才能启动。辛奕向典典妈妈要了五个硬币和典典一起去坐摇摇车。话轮2，典典要求辛奕把所有的硬币都给他。辛奕不同意。话轮3，辛奕提议让典典问典典妈妈要。话轮4，典典被辛奕拒绝后，威胁说要把摇摇车的电源关了。话轮5，辛奕说帮典典拿币。但一会儿后，辛奕又改主意让典典自己去他妈妈那儿拿币。辛奕不相信典典把电关了，投币后发现摇摇车真的不能启动。话轮8，辛奕想打开电源，他问典典"能不能给我开呀"，但典典不答应。话轮10，辛奕要帮典典拿币。话轮11、13，典典要求辛奕给他买零食，辛奕毫不犹豫地答应了。

例59 （D：典典，X：辛奕。在辛奕家车上。）
D 我要看。 (1)
X 你不要把它撕了。 (2)
D 给我看不能啊？ (3)
X 等下我要买光子精灵。啊！ (4)
D 这个是干嘛？ (5)
X 这个是顿并诶。有用的，不能给你折。你拿什么来给我？ (6)

D 不可以。 (7)
X 为什么？ (8)
D 因为你都不给我看。 (9)
X 好，这个不给你。这个比你的那个还好玩。 (10)
D 我那个可以吃诶。 (11)
……
X 等一下我要买笑脸的贴贴纸和那个光子精灵。要不要给你啊？
 (12)
D 反正你要给我玩我就可以给你吃。 (13)
……
X 不跟你说。那你给我吃，好不好？ (14)
D 你要买光子精灵。 (15)
X 看什么东西都说给你，我只买一个那个什么二级的，看什么东西都要。 (16)
D 好，我不给你吃。 (17)
……
X 这是什么？ (18)
DM 他最喜欢的棒棒糖。我吃这个都被他气—— (19)
D 还有巧克力。 (20)
……
X 能不能给我，能不能给我这个？ (21)
D 好。 (22)

　　在辛奕家的小车上，典典要看地图册，辛奕不给典典拿。典典问折纸是什么，辛奕又表示不能给典典折。话轮6，辛奕问典典"你拿什么来给我"，意思要交换。典典不满辛奕的不友好，回答说"不可以"。话轮10，辛奕拒绝给典典东西，并且强调他的东西比典典的还好玩。话轮11，典典说他的是可以吃的。辛奕有些心动，语气和态度开始缓和。话轮12，辛奕说等一下他要买东西，问典典要不要。话轮12，典典回应说"反正你要给我玩我就可以给你吃"。话轮14，辛奕拒绝跟典典说话，但很快又忍不住问典典"那你给我吃，好不好"。典典提出要辛奕买光子精灵玩具。辛奕不满典典"看什么东西都说给你"。典典则不客气地回应说"好，我不给你吃"。过了一会儿，典典妈妈拿出棒棒糖和巧克力。话轮22，辛奕问典典要吃的，使用"能不能"征求典典同意。典典同意给辛奕，两人和解。

在典典小店，例56，辛奕想要典典折纸，答应典典自己打自己屁股。向典典索要花瓶，对典典威胁不成又换作乞求。例57，辛奕向典典索要东西，典典不满辛奕之前弄他摔跤，辛奕立即向典典道歉然后又进行辩解，意在消除典典的不满，实现自己的目的。例58，辛奕要玩摇摇车，典典要币不成把电源关了。辛奕为了玩摇摇车，答应典典买零食的要求。

例59，主客场发生了变化。在辛奕家车上，辛奕是主，典典是客。一开始，典典不征询辛奕的意见就拿车上的东西，辛奕见状立即阻止典典。随后，两人发生语言冲突。当典典妈妈拿出棒棒糖的时候，辛奕问要糖。这时，辛奕的主场优势心理因为他的索要行为而暂时消失。从拒绝典典的要求到对典典排斥再到向典典索要东西。辛奕为实现交际目的调整了他的态度和语言表达方式。

从辛奕和典典的交往事例来看，主客场在一定程度上能影响儿童的交际策略，但最主要的影响因素还是交际目的。

（二）对昊远的指令

昊远，五周岁男孩，是辛奕在老家新结识的同龄玩伴。昊远对辛奕很大方，送了很多玩具给辛奕，辛奕喜欢跟昊远玩。

例60　（昊远：五周岁男孩，X：辛奕。过年，辛奕回老家，第一次在昊远家玩。）

X 我本来有一个召唤器，后来被人家偷了。　　　　　　　　（1）

H 被人家偷啦，那就送一个给你呗。送一个给你。　　　　　（2）

……

H 果园天尊你要吗？　　　　　　　　　　　　　　　　　（3）

X 我看一下。　　　　　　　　　　　　　　　　　　　　（4）

……

X 哇，合体，我们两个看一下怎么合体。　　　　　　　　（5）

……

X 你怎么说还要不要果园天尊啊？　　　　　　　　　　　（6）

H 要啊，因为我一个朋友要，和我换一个。可以啦，到这边来吧。哇，烂了一个。　　　　　　　　　　　　　　　　　（7）

X 你怎么说还要不要这个呀？　　　　　　　　　　　　　（8）

H 哪个？要啊。　　　　　　　　　　　　　　　　　　　（9）

X 你怎么说还要不要？　　　　　　　　　　　　　　　　（10）

H 那个哥哥说跟我换玩具又不跟我换玩具。　　　　　　　（11）

X 可是我没拿什么玩具来怎么办？　　　　　　　　　　（12）

　　第一次到昊远家，昊远带辛奕去看他的玩具。辛奕看到昊远有召唤器，就告诉昊远"我本来有一个召唤器，后来被人家偷了"。没想到这么一句无心的话却让昊远送了辛奕一个召唤器。话轮3，昊远问辛奕要不要果园天尊。辛奕想先打开玩具盒看一下然后再决定要不要。昊远拿出果园天尊和辛奕一起组装玩具。果园天尊组装好后，辛奕发现果园天尊是他想要的玩具，但是，昊远却没再提辛奕要不要果园天尊的事。话轮6，辛奕通过问昊远"你怎么说还要不要果园天尊啊"，重提昊远问自己要不要果园天尊的话题。没想到昊远回答说要，昊远说他有一个朋友要跟他换一个。辛奕没有得到他需要的回答，话轮8和话轮10，辛奕又重复问昊远，想弄明白为什么昊远问他要不要果园天尊。昊远回答说有个哥哥要跟他换玩具但是又没跟他换。昊远的这个回答跟辛奕的问话似乎没有直接联系。但辛奕却马上回应说"可是我没拿什么玩具来怎么办"。这说明辛奕意识到了昊远问他要不要果园天尊是需要以交换玩具为条件的。辛奕最终放弃要果园天尊。

　　当晚，辛奕挑了两个玩具。因为昊远过几天生日，回家的时候，昊远妈妈邀请辛奕昊远生日的时候再到家里来玩。辛奕告诉昊远再到他家的时候会给他带礼物。

例61　（辛奕第二次来到昊远家，要求昊远给神兽金刚玩具。）

　　X 诶，我的，你现在要给我神兽金刚。然后本来别人送给我的神兽金刚，后来被别人，本来要给我合体，后来被他搞坏了。

　　　　　　　　　　　　　　　　　　　　　　　　　　（1）
　　H 跟我下来。我还有一个召唤器的带。　　　　　　　（2）
　　X 噢。　　　　　　　　　　　　　　　　　　　　　（3）
　　H 下来吧。　　　　　　　　　　　　　　　　　　　（4）
　　X 给我神兽金刚好不好？　　　　　　　　　　　　　（5）
　　H 啊？　　　　　　　　　　　　　　　　　　　　　（6）
　　X 给我神兽金刚好不好？那个神兽金刚被那个人搞了。（7）
　　……
　　H 好吧，给你个神兽金刚。　　　　　　　　　　　　（8）
　　……
　　X 怎么搞的呀？　　　　　　　　　　　　　　　　　（9）
　　……
　　X 假的，怎么不能响啊？　　　　　　　　　　　　　（10）

H 没电了,没电了。不知道,我小时候玩的。<u>你到底要什么?你快点说吧。</u> (11)

X <u>我看一下。</u>这是什么啊? (12)

H 烂掉啦。我这里又不是玩具店。 (13)

X 我说不要啦。诶,这是什么?猫! (14)

……

X 啊?这是什么啊? (15)

H 这是小时候的。我这又不是玩具店。你干嘛什么都问啊? (16)

……

H 噢,这个这个你要吗? (17)

X 不想要,你总是—— (18)

……

H 要吗? (19)

X 我不想要这些。诶,为什么你总是问我要不要啊?这是什么东西啊,这是什么? (20)

……

H 你想要这个吗? (21)

X 你不是说你不是说这不是玩具店吗?怎么你又跟我说啦? (22)

H 这是不要的。 (23)

X 为什么你总是跟我说啊? (24)

……

H 你要不要啊? (25)

X 怎么又说还要啊?你不是说这里不是玩具店吗? (26)

H <u>你要什么?快点说啊!等下我没时间,我再给你五分钟。</u> (27)

X 这两个就没有啦,为什么你总是说我还要什么,还要什么呢? (28)

……

H <u>不要在这里挑剔了。想要什么就要呗,反正你又不用钱。</u> (29)

  辛奕第一次到昊远家,辛奕说他的召唤器被偷了,昊远就给了辛奕一个召唤器。第二次到昊远家,辛奕想要是对昊远说他的神兽金刚坏了,昊远肯定会再给他一个神兽金刚。话轮1,辛奕一见昊远就用类似命令的语气要求昊远给他神兽金刚。辛奕见昊远没有回应他,马上转换语气。话轮5、话轮7,辛奕接连两次要求昊远给他神兽金刚,选择使用"好不好"征求昊远的同意,并再次说明理由，他的神兽金刚被人家搞坏了。这次昊远答应了辛奕的要求。辛奕和昊远玩了一会儿玩具后，辛奕要求去找神兽金刚。昊远问辛奕前天答应说要给他带的玩具是什么，辛奕说是子弹。昊远不屑辛奕给他带的子弹，但还是给辛奕神兽金刚。

辛奕在选玩具的时候，昊远不满辛奕问个不停。话轮11、13，昊远对辛奕说"你到底要什么，你快点说吧""我这里又不是玩具店"。辛奕听后马上回答说不要了。辛奕已经不再要玩具，但他仍然不断问昊远。话轮16，昊远又一次对辛奕说"我这又不是玩具店，你干嘛什么都问啊"。可接下来，昊远又多次问辛奕要不要那些玩具。辛奕不明白既然昊远已经说了他家不是玩具店，为什么又老是问自己要不要玩具。因为，在他看来，玩具店可以随便挑玩具，不是玩具店就不能随便挑玩具。于是，话轮20、22、24、26、28，辛奕多次问昊远"为什么你总是问我要不要啊""怎么又说还要啊，你不是说这里不是玩具店吗"。话轮29，昊远不耐烦地说"不要在这里挑剔了。想要什么就要呗，反正你又不用钱"。这表明昊远之前说"我这里又不是玩具店"的意思是，我这不是玩具店，所以你不能老是问这问那让我回答，他把辛奕的问话看作挑剔。昊远最后一句"想要什么就要呗，反正你又不用钱"让辛奕可以放心选玩具。

在辛奕与昊远的交往中，无论是向昊远索要果园天尊还是索要神兽金刚，辛奕都非常关注昊远的反应。面对昊远的不满和不耐烦，辛奕能有效地控制自己的情绪。例60，辛奕想要果园天尊，但昊远没有再问辛奕要不要。辛奕不是直接问昊远给果园天尊，而是向昊远问话，重提要不要果园天尊的话题。辛奕这种小心的行为使他避免了一次尴尬。因为事实上，昊远也只想要辛奕拿其他玩具跟他换果园天尊，而不是直接把果园天尊给辛奕。例61，辛奕一开始使用类似命令的语气要昊远给神兽金刚。当辛奕看到昊远没反应时，他立即改为协商式指令形式，央求昊远给玩具。当昊远很不耐烦地说"我这又不是玩具店"，辛奕闻言马上停止索要玩具。昊远前后话语有矛盾，期间辛奕多次通过问话试探昊远，试图弄清楚昊远的意图。这让我们看到一个小男孩为了实现自己的交际目的并试图规避被拒风险时所做的努力。

（三）对玥玥的指令

玥玥，五周岁女孩，冲突型性格，是辛奕幼儿园的同学。玥玥的父亲跟辛奕的父母是同事。有半年时间，玥玥和辛奕两家合作开车接送两个小孩上幼儿园。

玥玥和辛奕从幼儿园回来后，也经常在一起玩耍。二人交往，冲突比较多。

例62 （YU：玥玥，D：典典，X：辛奕。在彤欣家的小车上，一起去凤凰山玩。）

X <u>你不能，不能给我一包这个呀？</u>

YU 不行，我没有包这个。

X 这么小气，这么小气对不对？

D 不会。

X <u>能不能给我一个这个啊？</u>

D 不，小的。

X 那我不跟你好了。给我小的不跟你好了。

YU 你不要这小我就等一下不给你大的，你要小的我就等一下给你大的。

辛奕问玥玥要贴贴纸，玥玥没有给他，辛奕不满玥玥小气。辛奕问要另一个贴贴纸的时候，典典插话说只给小的。辛奕不满，威胁说不要跟玥玥玩。而玥玥也威胁辛奕说不要小的贴贴纸等会儿就不给他大的。辛奕无奈，不得不接受小的贴贴纸。

例63 （YU：玥玥，X：辛奕，B：辛奕爸爸，M：辛奕妈妈。在兴趣班上课前，辛奕问玥玥给朱古力。）

X <u>啊，给我一个嘛？</u> (1)

YU 好。 (2)

X <u>我们来分享。给我一个。嘿嘿，我以前总是跟柳兴在分享。……快点，快点，快点快。我跟你坐。</u> (3)

……

X <u>快点吃。老师来的时候我们就不要吃。</u> (4)

……

X <u>快点！我还要吃朱古力，还要吃朱古力。</u> (5)

……

X <u>最喜欢吃朱古力。怎么办？下课的时候给我吃好不好？</u> (6)

（课间，老师让辛奕指挥排队上洗手间。）

X <u>你排队！你给我排好队，你给我排好队！嘿，你给我排好队。玥玥你是最小的，你给我排好队！</u> (7)

Yu 给我去后面！ (8)

X 干嘛？不是，我来指挥诶。哼！老师叫我来指挥耶。不能排那

么前。你敢走？好，我跟老师说，跟老师说。　　　　(9)
……
X 给我朱古力。……再给我吃朱古力。　　　　　　　(10)
……
Yu 我的快完啦。　　　　　　　　　　　　　　　　(11)
(画画结束后，玥玥坐辛奕家的车回家。)
X 能不能不要坐我的车啊？　　　　　　　　　　　　(12)
B 干嘛，辛奕干嘛？　　　　　　　　　　　　　　　(13)
X 哼，让她坐总是会那个样子。　　　　　　　　　　(14)
……
X 把它锁掉。快点！好，我不给你进我的车啦。　　　(15)
M 阿姨最喜欢玥玥。　　　　　　　　　　　　　　　(16)
X 你总是这样。　　　　　　　　　　　　　　　　　(17)
Yu 那我不给爷爷坐呗。　　　　　　　　　　　　　　(18)

在兴趣班画画，上课前，辛奕发现玥玥有朱古力。辛奕央求玥玥给他朱古力。为了方便向玥玥要朱古力，辛奕把座位调到玥玥旁边。课间，老师让辛奕指挥小朋友上洗手间，辛奕命令玥玥排队，玥玥不服从。辛奕声明是老师让他来指挥的，并威胁说要告诉老师。上完洗手间，辛奕多次问玥玥要朱古力。最后一次，玥玥因为朱古力快吃完了而拒绝了辛奕。

上完课，玥玥要坐辛奕家的车回家。快上车时，辛奕突然不允许玥玥上车。爸爸斥责辛奕没礼貌。辛奕不满地说"让她坐总是会那个样子"。而玥玥只回答说"那我不给爷爷坐呗"。原来两家合作接送孩子，玥玥的爷爷陪同玥玥去幼儿园。玥玥爷爷经常在辛奕家的车上抽烟，辛奕很不喜欢。玥玥的回答表面看与辛奕没有联系，实际上是对辛奕不满的有效回复。因为玥玥做了这样的回答，辛奕不再抵制玥玥坐车。

例63，辛奕的交际目的发生变化，对玥玥的态度和语言表达也多次发生变化。

（四）对美珍的指令

美珍，五周岁女孩，性格偏静。美珍和辛奕同在一个幼儿园，同去一个兴趣班画画，并且同住一个小区，是和辛奕相处时间最长的一个伙伴。

例64 （X：辛奕，MZ 美珍。在兴趣班画画，课间休息的时候，辛奕要求美珍把所有的橡皮泥给他。）

X 不跟你玩啦！你总是搞我摔跤啦。　　　　　　　　　　(1)
MZ 给你一个橡皮泥。没关系吧，没事吧？　　　　　　　(2)
……
X 好，<u>你要把全部这个橡皮泥给我</u>！谁叫你刚刚，刚刚搞了我摔
　 了一跤。　　　　　　　　　　　　　　　　　　　　(3)
……
X 你也有，你也有那个百变魔王吗？　　　　　　　　　 (4)
MZ 有啊。　　　　　　　　　　　　　　　　　　　　　 (5)
X <u>给我一个</u>。　　　　　　　　　　　　　　　　　　　(6)
MZ 我在火车上。　　　　　　　　　　　　　　　　　　 (7)
X <u>给我一个</u>。　　　　　　　　　　　　　　　　　　　(8)
MZ 我在火车上买的。　　　　　　　　　　　　　　　　 (9)
X <u>给我一个</u>！<u>给我一个</u>！在哪个火车？　　　　　　　(10)
MZ 是我去我姥姥家。你要不要去我姥姥家就有。　　　　(11)
X <u>给我</u>！送给我嘛。好，那我不跟你好。借我玩，借我玩。(12)
MZ 但是，但是我那个没有啦。　　　　　　　　　　　　(13)
……
X <u>快把全部橡皮泥给我</u>！能不能给我百变魔王？　　　 (14)
MZ 我没有。　　　　　　　　　　　　　　　　　　　　(15)
X <u>把橡皮泥，那你就把橡皮泥给我</u>！　　　　　　　　(16)
MZ 辛奕。　　　　　　　　　　　　　　　　　　　　　(17)
X 知道啦。　　　　　　　　　　　　　　　　　　　　(18)
MZ 你要跟我好。　　　　　　　　　　　　　　　　　　(19)

在兴趣班画画，课间休息的时候，辛奕责怪美珍令他摔跤。美珍给辛奕一个橡皮泥抚慰他，但辛奕要求美珍把全部橡皮泥都给他。辛奕问依航要百变魔王玩，美珍说她也有这个玩具。辛奕听说后，话轮6、8、10，多次要求美珍给他一个。美珍告诉辛奕玩具是她去姥姥家时，在火车上买的。辛奕以为玩具在美珍家里，话轮12，辛奕再次要求美珍给他玩具，辛奕以为美珍不答应，威胁美珍说不要跟她玩。辛奕见美珍还是不答应，又由威胁美珍送他玩具变成要求美珍借他玩具。

辛奕跟依航跑出教室玩耍，回来之后仍然记得要美珍把全部的橡皮泥给他。话轮14，同一句话里，辛奕索要橡皮泥和百变魔王的方式完全不一样，索要橡皮泥是用命令的语气，索要百变魔王则用协商的语气。美珍回答说没

有百变魔王了,辛奕就又要美珍给橡皮泥。美珍应辛奕的要求,把橡皮泥给了辛奕,然后要辛奕跟她好。

例65　(X:辛奕,MZ:美珍,M:辛奕妈妈。在辛奕家小车上,辛奕要美珍给他钱。)

  X <u>嘿,能不能?走,不能给你走。</u>　　　　　　　　(1)
  M 脱鞋子,脱鞋子。　　　　　　　　　　　　　　(2)
  X <u>给我那个钱。</u>　　　　　　　　　　　　　　　(3)
  M 美珍美珍,脱鞋,好。　　　　　　　　　　　　(4)
  X <u>给我那个钱就给你那个走。给我那个钱就给你走。</u>　(5)
  MZ 这个啊?　　　　　　　　　　　　　　　　　(6)
  X 哼。　　　　　　　　　　　　　　　　　　　(7)
  MZ 你叫你妈妈拿。　　　　　　　　　　　　　　(8)
  X 我已经没有五块钱啦。<u>给我嘛。好,不给你走了。</u>　(9)
  MZ 然后这五块钱可以要两个面包。　　　　　　　(10)
  X <u>给我嘛</u>。这个是有用的,我要买那个一个卡。星期几我要买一个卡。我明天星期二和星期一不用上学。<u>给我!</u>　(11)
  MZ 阿姨,可以给他钱吗?　　　　　　　　　　　(12)

  兴趣班画画结束后,美珍跟辛奕家的车回家。上车前,美珍爸爸给了美珍五元钱回小区买面包吃。上车后,话轮1、3、5,辛奕多次要求美珍把钱给他,并威胁美珍说给他钱就给她走。话轮8,美珍不同意,让辛奕问自己的妈妈要。话轮9,辛奕央求美珍不成,又威胁说不给美珍走。话轮12,辛奕命令美珍给他钱。美珍向辛奕妈妈求助,辛奕妈妈不同意辛奕问美珍要钱。辛奕无奈放弃。

  从例64中可以看出,美珍对辛奕抱有较强的交往意愿。例64,辛奕责怪美珍令他摔跤,美珍赶紧给辛奕橡皮泥做补偿。辛奕威胁美珍要百变兽神,命令美珍把所有的橡皮泥都给他,她也不生气,最后还要辛奕答应跟她玩。在小区里,辛奕也经常找美珍玩,多数时间他们俩相处得都很好。但发生矛盾的时候,因为辛奕知道美珍喜欢跟他玩,所以对美珍的言语比较任性,语例中对美珍发出的指令多带有强迫性。辛奕对美珍虽然任性,但当他以为美珍不同意给百变兽神的时候,他的指令形式还是发生了变化,从命令变央求,从央求变威胁,威胁不成又由"给我"变成"借我玩"。辛奕为了得到百变兽神,不得不控制自己的语言和态度。而后,同一句话里,要求美珍给橡皮泥时是命令语气,要求美珍给百变金刚时是协商语气,前后语气、态度有差异是因为橡皮泥和百变金刚的性质不一样,橡皮泥是美珍用来补偿过失的,而百变兽神不带补偿性质。

(五) 对彤欣的指令

彤欣,五周岁女孩,合作型性格。喜欢唱歌、跳舞、讲故事、主持节目,有较强的表达能力和协作能力。班里很多小女孩都喜欢跟彤欣玩,如熙悦、玥玥。彤欣是辛奕在幼儿园里玩得最好的玩伴,二人能相互配合完成一段很长的想象装扮游戏。辛奕喜欢和彤欣相处,如果发生冲突,辛奕能比较好地控制自己的情绪和语言。

例66　X 你坐后面吧。
　　　TX 我要坐前面。
　　　X 我当然也想坐前面。
　　　……
　　　YM 不到你爸爸那里去吗?
　　　X 不要,我只能在前面了。因为好多人没,我都没位子了。
　　　TX 坐好,我爸爸准备要开车了。假装这就是我。

去凤凰山,在彤欣家的车上,辛奕想让彤欣跟他一起坐后排车位,但彤欣要坐前面。下车玩耍,再一次上车时,辛奕仍然选择坐彤欣家的车而不坐自家的车。辛奕借口说后排人太多没位子,但结果他却去前排和彤欣同挤副驾驶位。

辛奕和彤欣二人关系很好,也可以从玥玥和辛奕的对话里看出。

　　　X 我们两个一起帮他找。
　　　YU 你,你要叫彤欣跟我好,我我才给你找。
　　　X 好。

在车上,辛奕要求玥玥一起帮典典找东西。玥玥喜欢跟彤欣玩,她知道辛奕跟彤欣关系很好,于是她向辛奕提出要求说辛奕要叫彤欣跟她好,她才帮他找东西。

例67　(X:辛奕,TX:彤欣。在辛奕家车上,彤欣让辛奕唱歌,辛奕
　　　　要求等会儿再唱。)
　　　TX 唱的什么歌?
　　　X 天亮了。
　　　TX 天亮了。那我好像没听过噢。
　　　X 有听吗?那要不要听那个什么我的家乡。
　　　TX 唱给我听,唱一遍给我听。

X 如果你回，要回去的话，等一下，你要坐我的车，然后我按第四首给你听。

TX 那你得现在唱我听。

X 为什么？

TX 不然我等下不坐你的车。

X 那你就不能看咯，不能听咯。

TX 那我就坐熙悦的车子，叫熙悦唱给我听。

X 我是很累的耶。等一下嘛，等一下。

辛奕爸爸开车送辛奕和彤欣去参加小朋友的生日会。在车上，辛奕放歌给彤欣听，但彤欣要求辛奕唱给她听。辛奕回答说彤欣回去再坐他的车时，他给她放另一首歌。彤欣坚持要辛奕亲自唱，并威胁说不唱等下就不坐辛奕的车。辛奕顺着彤欣的话说，不坐他的车就听不到歌。彤欣表示可以坐熙悦的车，叫熙悦唱给她听。辛奕无奈，解释说自己很累唱不了，要求等一会儿再唱。

例68　（B 辛奕爸爸，X 辛奕，YU：玥玥，TX：彤欣，D：典典，BY：伯宜，YB：玥玥爸爸，DM：典典妈妈。在凤凰山水库玩耍。辛奕劝说玥玥彤欣不要给狗喂食。）

B 不要给那么多狗吃，等下狗发烧啦。　　　　　　　　　（1）

X 不要再吃啦，狗发烧啦。诶，谁叫你扔的呀。狗快要发烧啦。两个都不要再喂啦，等下狗会发烧的。　　　　　　　　　（2）

YU 不会。　　　　　　　　　　　　　　　　　　　　　（3）

X 还不会？　　　　　　　　　　　　　　　　　　　　（4）

D 狗狗你不能吃了。　　　　　　　　　　　　　　　　（5）

X 彤欣不要再这样啦，彤欣，彤欣，吃这个热的等下狗会发烧。
　　　　　　　　　　　　　　　　　　　　　　　　　（6）

TX 不会。　　　　　　　　　　　　　　　　　　　　　（7）

X 会！不能再放了对不对？玥玥，不能啦，不能啦。不能再扔啦，我跟你爸爸说了噢。等下你不得吃啦，别怪我。不能再扔啦。看看你有没有发烧，啊！差一点点，没事，没事，没事。不要再，等一下我不给你吃噢。……我吃过的。　　　（8）

D 好像不好吃一样。　　　　　　　　　　　　　　　　（9）

X 不能再放啦。　　　　　　　　　　　　　　　　　　（10）

YU 它不喜欢吃咪咪。　　　　　　　　　　　　　　　（11）

X 不要再。好，等一下你不能吃啦。全体不要再放啦，全体不要再放啦。 (12)

……

X 彤欣，我这样是为你好，也是为狗狗好。你看，请摸一下你自己，都要发烧啦。 (13)

TX 我是太热了。 (14)

X 还太热？求你不要放啦，不要放啦，不要放啦。不能再放啦。好，你等一下，放了等一下马上就吃不了了，我都是为你好的。狗，不要来这里。 (15)

……

X 你不要再放了好不好，发烧啦，发烧要打针诶。……那你想不想泡温泉。不想吗？好，很好玩的。很像游泳。……我这样是为你好，这样是为你好，等下咬你噢。 (16)

Q 这是什么？ (17)

X 我还有呢。谁叫你不要。你不要再喂它好不好？ (18)

……

X 诶，彤欣，你要记住这一点，知道吗？ (19)

T 知道啦。 (20)

辛奕、彤欣、玥玥、典典、伯宜几个小朋友一起在凤凰山水库玩耍。彤欣和玥玥给小狗喂油炸食品。辛奕爸爸在一旁说不要喂小狗吃，等下狗会发烧。辛奕听爸爸这么说，赶忙制止彤欣和玥玥，但彤欣和玥玥不听。话轮6，辛奕坚持不让给狗喂东西。话轮8，辛奕一会儿威胁玥玥说要告诉她爸爸，一会儿警告玥玥等会喂完了她自己就没有吃的了。对彤欣，辛奕更是苦苦相劝。话轮19、21，辛奕告诉彤欣，他是在为她和狗狗好。他还很关切地对彤欣说小心发烧。彤欣解释说是因为她太热了。话轮15、话轮16，辛奕多次央求彤欣不要再喂狗狗东西，并提醒说发烧要打针的。辛奕爸爸在一旁跟叔叔阿姨谈论泡温泉。为了让彤欣听他的话，辛奕又提出泡温泉。言下之意是，如果彤欣听他的话，他就带彤欣去泡温泉。辛奕见彤欣不听，再次声明是为彤欣好，然后提醒彤欣，小心被狗咬。彤欣终于不再给小狗喂食。话轮19，辛奕还不忘告诫彤欣要记住今天的事。

辛奕和彤欣的交往，给我们看到交际意愿对辛奕态度和交际策略的影响。彤欣的组织协调能力和良好的"公众形象"，让辛奕乐于跟她交往。虽然出现交际冲突，辛奕也能很好地控制自己的情绪和语言表达。辛奕在与彤欣的交往中十分关注彤欣的反应。面对彤欣的要求，辛奕没有选择直接拒绝。面对彤欣的拒绝，辛奕不是斥责，不是威胁警告，而是想尽办法劝说彤欣。"我是为你好"，"请你摸一下头"，"求你不要放"，"发烧要打针的噢""不要再放了好不好"，"你想不想泡温泉"，"等下咬你噢"，若面对一个冲突型性格的对象或同伴，辛奕是不会使用这种言语方式的。

三 小结

我们从同伴年龄大小、同伴性别、性格类型、主客场等方面考察辛奕指令策略的变化。我们发现辛奕向同伴提要求，语言策略的选择主要受交往意愿和交际目的影响。

（一）交往意愿

这里的交往意愿指说话人是否愿意与对方相处。良好的性格气质、较强的个人能力以及公众评价能激发他人产生欲与之交往的强烈愿望，这种交往意愿具有长时性。当儿童对某个同伴产生强烈的交往意愿时，该儿童能有意克制自己的情绪，选择合作、礼貌的语言策略与之进行交际。

彤欣是辛奕的同学，合作型性格，有较强的组织能力、协调能力和语言表达能力。辛奕喜欢和彤欣相处，对彤欣有强烈的交往意愿。二人发生冲突的时候，辛奕能克制自己的情绪，通过解释劝说等方式化解矛盾。这样的交往意愿，甚至使辛奕的主场话语权失效。在辛奕家的车上，虽然辛奕为主，彤欣为客，辛奕却无法坚持自己的意见。面对彤欣的要求，辛奕不是直接拒绝，而是选择解释说明。

昊远是辛奕新认识的同龄伙伴。昊远对辛奕很大方，给辛奕吃的玩的，还一起游戏，辛奕很喜欢跟昊远玩。因为是在昊远家，昊远为主，辛奕为客，并且辛奕对昊远有所求，所以，辛奕对昊远发出的强式指令很少。辛奕一方面想索取他想要的东西，另一方面担心被拒绝，这促使辛奕有时选择试探的方式委婉提出要求。

柳兴比辛奕大一岁，语言能力和接受新事物的能力比辛奕强。辛奕在与柳兴的交往中能学到新东西和感受到乐趣，所以辛奕喜欢跟柳兴交往。但是，因为柳兴有时会以大欺小，柳兴和辛奕又经常发生冲突。冲突时，柳兴对辛奕的有效劝说和威胁多于辛奕对柳兴的有效劝说和威胁。柳兴多能坚持住自己的要求，而辛奕经常向柳兴提要求却也经常妥协。辛奕向柳兴妥协的一个重要原因就是辛奕对柳兴怀抱较强的交往意愿，所以，在辛奕家，如果辛奕不答应柳兴的要求，柳兴威胁说要回家不跟辛奕玩，总能迫使辛奕做出让步。只有在辛奕被其他事物吸引，暂时没有强烈的愿望与柳兴交往，而又跟柳兴有不同意见时，辛奕会坚持自己的意见，不退让。

典典和玥玥都是辛奕的同学，都属冲突型性格。辛奕跟典典和玥玥的交往，冲突不断。为实现交际目的，辛奕经常需要调整态度和语言表达方式。这使得辛奕对这二人的指令形式丰富多变。

美珍是辛奕相处时间最长的一个玩伴，性格内向，喜欢跟辛奕玩。因为美珍较少拒绝辛奕，并且经常向辛奕示好，所以辛奕跟美珍交往时，辛奕表现比较任性，对美珍的强式指令比较多。

（二）交往目的

交往意愿对指令语言策略选择的影响是长时的，而交往目的对指令策略选择的影响则是短时的。当辛奕想从某个同伴那儿获取物品或帮助时，他前后的态度和语言表达可能会发生很大的变化。这在对典典、玥玥、美珍几个同伴的交往语例中都有表现。

第四节 小 结

本章按不同的会话对象分析会话语段中儿童指令类言语行为的表达手段和特点。辛奕对成人、同伴的指令类型及使用频次统计见表6-2。

表6-2　辛奕对成人、同伴的指令类型及使用频次

对象		强式指令		一般指令	协商式指令
		命令禁止	警告威胁		
对成人的指令	辛奕对父母的指令	38	14	280	92
	对老师的指令	0	0	18	6
	对其他成人的指令	1	0	3	12
对同伴的指令	对柳兴	28	6	56	67
	对典典	14	5	31	40
	对昊远	2	2	17	16
	对玥玥	17	4	27	16
	对美珍	12	5	17	24
	对彤欣	0	0	6	6

一，从指令的类型来看，辛奕一般指令、协商式指令的使用频次远远高于强式指令的使用频次。

二，辛奕对成人的指令和对同伴的指令有不同。

（一）与对同伴的指令相比，辛奕对成人的强式指令远远少于对同伴的强式指令。

成人和儿童具有权势关系，不同性质的权势关系影响辛奕指令形式的选择。父母与子女之间具有权势关系，但他们之间又具有血亲关系。这种亲密的关系使得儿童有时会对父母发出强式指令；教师与学生之间也具有权势关系，教师的权势具有公众性。学生一般不会违抗老师的意愿或做出触怒老师的言行，因此在我们的语料中没有发现辛奕对老师发出的强式指令；一般情况下，辛奕不会对关系疏离的成人发出强式指令，但在不满的状态下，辛奕则有可能对他们发出强式指令。

（二）与对成人的指令相比，辛奕对同伴的指令，形式丰富多变。

通过比较分析，我们发现，与同伴交往意愿的强弱影响辛奕指令策略和语言形式的选择。面对性格气质好、个人能力强和公众评价高的同伴，辛奕能有意克制自己的情绪，选择合作、礼貌的策略形式与他们交往。面对冲突型性格的同伴，辛奕的指令形式根据交际目的和指令性质的变化而变化。

三，交际目的、指令性质影响辛奕指令策略和语言形式的选择。非常规或有实现难度的利己要求，辛奕通常使用协商式指令。为规避风险，辛奕有时还会使用委婉方式间接表达指令。

四，不同类型的指令存在语力级差。说话人意欲增强指令的强迫性就会使用强式指令。说话人希望避免给听话人带来不快并尽可能地使自己获益，则会考虑减少强迫性，使用协商式指令。辛奕对父母使用强式指令招致父母的斥责后，辛奕会立即改用协商式指令。辛奕对父母使用一般指令，发现父母不予回应的时候，又从一般指令改为协商式指令。

同一类型的指令，内部也存在语力级差。通过词句重复、词语选择、句式选择能增强强式指令句的强迫性也能增强协商式指令句的协商性。如协商式指令句，"给我吧"，"给我嘛"，"能不能给我"，"求你啦"，协商程度依次由弱变强。

儿童在语言实践中，通过他人的反馈，逐渐掌握指令句的语力级差和使用条件。

第七章　不满类言语行为分析

第一节　不满类言语行为的研究概况

不满类言语行为的相关研究主要有刘文欣的博士论文《现代汉语责训句研究》。作者在文中评论了 2000 年以后言语行为理论研究对责训句研究的影响。她提到言语行为理论为现代汉语语言研究提供了一个新的视角，语言学界特别是应用语言学界对多种言语行为进行了专文研究，但她同时认为纯语用学研究缺乏对语言内部结构的描写和解释，不注重具体话语形式与功能的互动分析，只对话语形式的功能进行宽泛笼统的语用说明并不利于解释话语形式的本质特征。作者指出，到目前为止，现代汉语语法学对语言功能系统的研究始终关注陈述、疑问、祈使、感叹等基本类型，这种研究还很宽泛。语言研究应该建立一个合乎语言实际状况的功能类别树形系统，并对每个子系统的下位功能小类进行独立深入的具体研究[①]。

笔者赞成这种系统观。第五章，我们把命令、要求、请求等言语行为概括为指令类言语行为，分析儿童在具体的语境中，如何选择交际策略和语言表达形式。通过分析，我们发现儿童不仅会根据情景选择交际策略和语言表达形式，还会在交际过程中对具体的语言表达形式进行调整。

本章，我们把不满他人言行而产生的诸如抱怨、批评、指责甚至詈骂等言语行为都概括为不满类言语行为。我们通过考察儿童的语言实际运用，探讨儿童为何会选用同一系统内的这种言语行为而不是那种言语行为，为何选用这种表达形式而不是那种表达形式，探讨影响他们选用这些言语行为的因素有哪些。

[①] 刘文欣：《现代汉语责训句研究》，博士学位论文，黑龙江大学，2010 年，第 21、197 页。

第二节　不满类言语行为的模式

通过对大量语料的分析，我们发现不满类言语行为包括以下几个要素：存在导致不满的言行或事态，即存在说话人不能接受的言行或事态，说话人对该言行持否定的态度。说话人实施这一行为的目的是宣泄愤怒、不满等消极情绪。

例1　X 哎呀！真是的！手都不见了，my god！哎呀！手不见了还怎么搞啊！哎呀！手不见了怎么办啊，啊？手不见了怎么办？我还怎么找手啊？你看，你这个黄玥玥！找不到，怎么办啊？黄玥玥你要赔我一个！

例1，辛奕以为超人玩具的手被小伙伴弄掉了。辛奕一边惊呼一边责问，一连几个"哎呀"，然后又用"怎么办"表责问，用"真是的""你这个N（黄玥玥）"表达对小伙伴的否定态度，最后向对方索要赔偿。

本研究的语料全部来自真实的口语交际。笔者对自建语料库进行分析，得到1995例表不满的语例，其中，五周岁儿童表不满的语例有1289例。对五周岁儿童表不满的语料进行分析，我们发现不满类言语行为的话语模式有简式和复合式之分，不满的内容有不满他人言语内容、方式、态度，不满他人行动。不满他人行动，具体有不满行动的数量、范围、程度、时间、空间、结果、方式。

一　不满言语行为的简式话语模式

见第五章第二节不满类情感。

二　最简式

（一）单用代词"你"

例2　M 这个太重了，扎到他的手的。
　　　B 好了，可以啦，好啦，明天爸爸再拿一袋米给你扛回来。
　　　X 你，你，你！
　　　B 明天再买吧，今天睡，睡累了。明天爸爸买。
　　　X 你骗人！你不是说——，hm53！

（二）单用拟声词

单用拟声词，如"哼""啧""呸""hm53""哎呀"。

三　不满言语行为的复式话语模式

在言语交际中，不满类言语行为有时不是一个句子而是几个句子或者是一段话。例如：

例3　X你看，你来搭！哼，你来搭，我也来搭。看你做的好事！这是我的。你要赔啊！（斥责＋责令赔付）

例4　X不要跟你说话！你总是会那个样。你看，你把我的这个白虎金刚，都是你搞的。还容易拼吗？（排斥＋陈述不利事实＋责怪＋责问）

例5　X这里，为什么，我就，本来我想钓一个鱼拿回家吃的。后来你，你呢，一直在那里动来动去的。以后你请我的话，我叫全部人不跟你好！（陈述不利事实＋威胁）

例6　X什么？什么？已经吃了好几个饺子你还说？喝了那么多汤！你还说不够不够不够！打嗝了就不能吃了，你还这样那样！又不打嗝？你看！（多个责问＋不利事实）

例7　X你不是咳嗽啦，你还吃这么多这个？你看你看！你看，你还咳嗽。看，跟我一样。我也是这样子的。你看，你看，还吃这个，还吃这个。你都咳嗽啦。怎么办？你看，你咳嗽了你还要吃？还吃多这个粑粑。hm53！连汤你也可以吃。什么都吃！（多个责问）

第三节　对成人的不满行为

不满宣泄通常有一个过程。我们按不同的会话对象，从语料库中选择出不满宣泄的会话语段，然后分析儿童不满类言语行为的表达手段和特点。与分析儿童指令类言语行为一样，我们把儿童的会话对象分成成人和同伴两类。成人类中根据社会距离，即与说话人的熟悉程度，分为血亲、熟识、认识三类。熟识里面根据社会地位的不同，把老师单列出来。同伴类中，我们根据年龄大小，分为大龄同伴和同龄同伴。我们又根据不同性别和性格对同龄同伴进行分类。

一　对父母的不满

父母和孩子不仅具有最亲近的血亲关系，还具有权势关系，这带来了双方不满宣泄方式的差别。

例8　（辛奕为送给涛涛哥哥铁甲小宝的事情跟妈妈生气。）

  M 妈妈为什么送给涛涛哥哥卡布达，铁甲小宝是不是？　　　　(1)

  ……

  X <u>谁叫你给的</u>？　　　　(2)

  ……

  X <u>哎呀，主要是你——</u>　　　　(3)

  M 哎呀？好好说话！那是因为涛涛哥哥干什么了，我们选了礼物给他？　　　　(4)

  X <u>老是这样</u>。　　　　(5)

  M 那是涛涛哥哥干什么啦？　　　　(6)

  X <u>他出血了还送给他</u>！　　　　(7)

  M 噢，你记得他出血了呀？　　　　(8)

  X <u>又不送给我</u>。　　　　(9)

  M 他出血了要去哄他，对不对？　　　　(10)

  X <u>你还送给他红色的卡布达</u>。　　　　(11)

  M 你还记得他为什么出血了咧，你还记得不？他为什么出血了？他受伤了，就像吴老师的小宝贝，受伤了，那我们就要去看他呀。看他的时候要干嘛呀，要买个小礼物给他，让他高兴啊。　　　　(12)

  X <u>你都把红色的卡布达送给他了</u>。　　　　(13)

  M 你不也买了一个小礼物吗，你忘记啦？　　　　(14)

  X <u>没有，那是绿色的，我不选。本来我想全部的，都被你拿走了</u>。　　　　(15)

  M 都被妈妈拿走了？妈妈那时说，涛涛哥哥受伤了，被车撞了，在医院了。我们买玩具，你一份，涛涛哥哥一份。你不答应了吗？你说好的，涛涛哥哥一份，我一份。　　　　(16)

  X <u>谁叫你全部送给他！我想全部送给我</u>。　　　　(17)

  ……

  X <u>哼，本来我要卡布达的，后来被你——</u>　　　　(18)

  ……

X 本来我想给涛涛换的。 (19)

M 不说了,好不好?你看你到涛涛哥哥那里,那么多玩具给你玩,嗯?是不是?下次是不是让他到我们家来,给我们最好玩的东西给他玩啊? (20)

……

X 你把红色的送给了他。 (21)

……

M 好了,我们睡觉了,宝贝。 (22)

X 不睡。 (23)

M 不睡就算了。不睡你就长不大了。 (24)

X 谁叫你把红色的卡布达送给—— (25)

……

X 哼,本来我想要红色的,被你送了。 (26)

  涛涛受伤住院。辛奕的妈妈买了两个卡布达玩具,一个绿色的给辛奕,一个红色的让辛奕带到医院送给涛涛。几个月后,辛奕去涛涛家玩,发现涛涛的那个红色卡布达还在,而自己绿色的卡布达已经没有了。回到家后,辛奕责怪妈妈把红色卡布达送给涛涛。妈妈说是辛奕选好送给涛涛的,辛奕却坚持说是妈妈送的。话轮3,辛奕很不耐烦地说"哎呀,主要是你——"。妈妈不满辛奕的说话语气。话轮4,妈妈打断辛奕,责令他好好说话。话轮5,辛奕被迫调整态度和言语表达形式。接着妈妈帮助辛奕回忆为什么送涛涛哥哥礼物。但话轮7、9、11、13、15、17、18、19,辛奕不停地责怪妈妈把玩具送给涛涛。话轮22,妈妈发出终止谈话的要求,对辛奕说"我们睡觉了,宝贝"。妈妈使用"宝贝"称呼缓和气氛,可是辛奕并没有见好就收,他故意违逆妈妈的意愿,回答说"不睡"。妈妈故作无所谓说"不睡就算了",并对辛奕说"不睡你就长不大了"。辛奕见妈妈不理会他,话轮25,他责怪妈妈"谁叫你把红色的卡布达送给——",意思是我不听你的是因为你做错了事。

例9 (妈妈没及时给柳兴开门,柳兴回家,辛奕十分生气。)

M 你求我做事情,你还那么凶,啊?那我没时间,那你就要等。他走了就走了咯,啊? (1)

X 不给你进。 (2)

M (拿棍子威胁辛奕)来嘛来嘛!给不给,给不给? (3)

X 你,我我我现在不给你睡觉。 (4)

M 走啊!滚蛋滚蛋滚蛋!走!我把空调关起,我就去那边。 (5)

X 还去那边？不给你。 (6)

……

X 等下你又说话不算话。 (7)

……

M 那你去他家嘛。那妈妈走好不好？你去他家嘛。你不要在这里嘛。 (8)

X 哼！ (9)

M 那你干什么了嘛？我去开门了啵。你上去啊。你自己上去噢。 (10)

X 锁门不给锁。 (11)

M 那你就上去了噢。那你喜欢他。干嘛门不能锁？那老鼠进来怎么办，啊？谁保护我？没人保护我。老鼠咬我啊？ (12)

X 就咬，咬你。（小声） (13)

M 咬我？你就没有妈妈，好不好，唔？ (14)

X 谁叫你说话不算话！ (15)

M 干嘛啦？ (16)

X 睡觉起来，你等一下又说去田径场了。 (17)

M 去田径场了又干嘛啊？ (18)

X 又吃那些东西啊，又这么晚去啊。 (19)

……

X 你等一下就去田径场吃东西，然后又变晚了，又睡觉了。 (20)

……

X 不给你进，也不给你睡。 (21)

M 不给我睡，我就拿那个枕头走呗。 (22)

X 走也不给你走。 (23)

M 走也不给走？ (24)

X 白天还—— (25)

M 白天怎么样？ (26)

X 你等一下又说去田径场。哼！老是说，又骗我。我老是要出，你老是睡觉！睡觉！ (27)

M 老是睡觉睡觉，什么意思啊？你喊睡觉！是谁喊睡觉，你说咯（门铃响），是谁？ (28)

……

M（妈妈不满辛奕故意踩她的脚）你干什么？什么意思？你干嘛？别进来！出去！出去！把门关上。出去！那么凶干什么？踩我脚干什么？倒水去，喝完水睡觉！好了没有？去了没有，去了没有？把水拿过来。　　　　　　　　　　　　　　　　(29)

X 不拿。　　　　　　　　　　　　　　　　　　　　　(30)

M 还有我的水。　　　　　　　　　　　　　　　　　　(31)

X 也不拿。　　　　　　　　　　　　　　　　　　　　(32)

M 喝！拿过来！（辛奕把水杯递给妈妈）这是你的还是我的？(33)

X 明天不送，又明天不送，又明天不送。　　　　　　　(34)

……

X 谁叫你慢洗。　　　　　　　　　　　　　　　　　　(35)

……

X 柳兴都被你，被你弄回家了。　　　　　　　　　　　(36)

……

X 你都把柳兴，看你干的好事！　　　　　　　　　　　(37)

晚上，辛奕的玩伴柳兴敲门。辛奕妈妈正在洗澡没能给柳兴开门，柳兴就回家了。辛奕因为晚上见不着柳兴，给不了柳兴东西，很生妈妈的气。话轮1，妈妈斥责辛奕说话态度不好。接着，妈妈要进儿童房，辛奕拦着不给进。话轮3，妈妈武力威胁辛奕，责令辛奕停止阻拦行为。话轮7，辛奕责怪妈妈说话不算话。妈妈说开门让辛奕去柳兴家。辛奕要求不能锁门。妈妈并不想辛奕睡觉的时间还去柳兴家，因此没有答应辛奕的要求。话轮12，妈妈回应辛奕说"干嘛门不能锁？那老鼠进来怎么办，啊？谁保护我？没人保护我。老鼠咬我啊"。话轮13，辛奕接着妈妈的话说"就咬，咬你"，但他似乎意识到说这样的话是不好的，说到"咬你"时，音量做了调整——声音变小了。果然妈妈回答说"咬我，你就没有妈妈"。妈妈不解辛奕为什么总是责怪她说话不算话。话轮27，辛奕回答说"你等一下又说去田径场，哼，老是说，又骗我。我老是要出，你老是睡觉！睡觉"。他的意思是，虽然妈妈说明天可以去找柳兴，但是白天妈妈总是去田径场管理室外婆那儿，白天就没时间见柳兴。晚上回到家，辛奕想出去玩，妈妈又早早要求辛奕睡觉，晚上也没时间见柳兴。所以，辛奕认为妈妈说第二天见柳兴是骗人的。门铃响了，辛奕以为柳兴又来找他。当他发现是楼上的阿姨时他故意踩了妈妈一脚。妈妈很反感辛奕踩人的行为。话轮29，妈妈连续质问辛奕"你干什么？什么意思？你干嘛"，接着,妈妈又发出驱逐命令"别进来!出去!出去!把门关上,出去"。妈妈看见辛奕不再说话,让辛奕把他和妈妈的水拿过来,喝水睡觉,但辛奕拒绝服从妈妈的指令。辛奕看妈妈不理他时,他不得不给妈妈拿来水杯,口里却嘟哝着"明天不送,又明天不送,又明天不送"。话轮35、36、37,辛奕又多次责怪妈妈,宣泄心中的不满。

辛奕和辛奕父母相互间不满宣泄的类型及使用频次,统计见表7-1:

表7-1 辛奕和父母相互间不满宣泄的类型及使用频次

辛奕对父母				辛奕父母对辛奕			
抱怨	斥责	责令	排斥	抱怨	责怪	责令	排斥
81	68	20	64	36	159	177	32

在辛奕与父母的对话中,我们看到,父母作为家庭权威,回应孩子的不满,多是尽量解释、劝说。对孩子不满时有时会使用斥责、责令、威胁警告,其中最高量级的不满表达是驱逐和武力威胁。如例9中,辛奕妈妈就使用了责令禁止和武力威胁。孩子对父母的不满则多是抱怨、责怪,或者做出拒绝、不允许、不同意等抵触排斥和对抗的行为,通常不会实施驱逐和武力威胁。

如果辛奕表达不满的方式不恰当,会遭到妈妈的训斥。如例8中,妈妈不满辛奕的说话语气,责令辛奕"好好讲话",辛奕不得不调控情绪和语言表达方式。

例10 X 我真想不穿袜子就在这里写字。哼!你不给我穿,你不给,我现在就去写字去。哼!
　　　M 耶嘿!你怎么讲话的呀,辛奕啊?怎么跟妈妈讲话的呀?
　　　X 那你也怎么跟我讲话的呀?
　　　M 啊,好了,我走了啊。
　　　X 啊?不要,不要。
　　　M 你都不喜欢妈妈。
　　　X 喜欢。
　　　M 喜欢?那你能不能那样跟妈妈讲话咧?
　　　X 不能。

例10,辛奕妈妈要辛奕穿好袜子然后写字。辛奕拒绝自己穿袜子。妈妈不满辛奕的讲话语气。但辛奕不承认错误,反而责问妈妈"你也怎么跟我讲话的呀"。妈妈威胁辛奕说要走,辛奕不给。妈妈对辛奕说"你都不喜欢妈妈",辛奕表示喜欢,又接着表示不能那样跟妈妈讲话。

  例 11 X 你,你别跟我说话!
     M 我不想跟你说话!
     X 老不听我的话。
     M 我也不想跟你说话。你不听我的,我也不听你的。(前方车灯刺眼)诶呀,好刺眼啊。最讨厌这种车。
     X 刺死你!
     M 你怎么这么讲话,辛奕?
     ……
     M 辛奕,你说刺死妈妈是不是?那你以后就没有妈妈。这么样讲话怎么行呢?
     X 他老是打我。(撒娇)

  例 11,在柳兴家的小车上,辛奕和柳兴发生冲突。辛奕不满妈妈不帮他批评柳兴而拒绝跟妈妈说话。车灯刺眼,辛奕妈妈表示不喜欢。辛奕却对妈妈说"刺死你"。辛奕的话惹来妈妈的斥责。辛奕最后以撒娇的语气对妈妈抱怨说"他老是打我",意思是,柳兴老欺负他,妈妈应该帮他。

  例 12 M 诶 35?
     X 诶什么诶?
     M 再说一次?你还说,再说咯?
     X 嗨 33,嗨 33。

  例 12,辛奕妈妈不满辛奕胡搞。妈妈"诶 35"了一声,意思是辛奕不能这么做。辛奕却回答说"诶什么诶",有不让妈妈管的意思。妈妈用威胁语气斥责辛奕。辛奕立即学小狗嗨嗨叫唤,向妈妈示好。

二　对老师的不满

  例 13 (S:岭海兴趣班石老师,X:辛奕。辛奕不满老师把他的螃蟹形状画错了。)
     X 哎呀!老师,老师,老师,你搞错了,搞错了,搞错了。哎呀!椭圆形搞成正方形啦。哼!真是的。……老师,哎呀,老师老师,你搞错了哦。哎呀!搞错了,搞错了。……哎呀,老师,老师,你搞错了,搞错了。哎呀,老师!
     ……
     X 哎呀,老师,老师!我是想要横的那样的。搞成这样

第七章　不满类言语行为分析

　　了。hm51!
　　　　……
　　X 哎呀，老师，你搞错啦。我都画不了了。我是横着搞的，结果
　　　你搞成这样。老师！
　　　　……
　　X 啊，老师，你给我搞错了。我是横着搞的，结果你搞成这样了。
　语料中，辛奕对老师的不满只有上面这一例。这是辛奕在岭海兴趣班画画和学做手工时和老师的会话片段。老师在硬纸壳上帮辛奕画好了螃蟹的身体，辛奕在剪硬纸壳的时候发现老师画的形状和他预想的不一样，他多次对老师说"搞错了"，却不敢责令老师重新帮他画。与例 14 比较，我们能看出辛奕对老师的不满和对伙伴的不满，在表达方式上有很大差别。

　　例 14　（L：柳兴，六周岁男孩。X：辛奕。辛奕不满柳兴把他的积木碰
　　　　倒了。）
　　X（积木倒了）诶呀！诶呀！你看，你来搭！哼，你来搭，我也
　　　来搭。看你做的好事！这是我的。你要赔啊。
　　L 赔你一个。要不要帮你弄厉害一点？
　　X 好。
　　　　……
　　X 你不能再打破了，再打破我要要要你赔很多诶。
　辛奕在家跟柳兴玩怪兽游戏，柳兴不小心把辛奕搭的积木碰倒了。辛奕不满柳兴，责令柳兴把积木重新搭好，最后还警告柳兴再打破的话就要赔。

三　对其他成人的不满

　　例 15　YM 是不是这样？你看，这样好了吧？
　　X 嗨。
　　YM 诶，对啦，遇到事情要动动脑筋。
　　X 骂天骂地骂你自己。
　辛奕在西校区玩。玥玥把老师折给辛奕的知了弄皱了，辛奕很生气。玥玥妈妈帮辛奕把知了重新折好后，跟辛奕说遇到事情要动脑筋。辛奕不满玥玥妈妈说他，回应玥玥妈妈说"骂天骂地骂你自己"。

　　例 16　X 我的手不见了怎么办？
　　BF 手不见啦？没关系，那就再做一个咯。
　　X 我又不会做手，你还说！

— 137 —

在辛奕家小车上，辛奕发现玩具的手不见了，他很着急，伯父安慰他说不见了可以再做一个。辛奕用"我又不会做手，你还说"来反驳伯父，对伯父表示不满。

例17　X 别坐啦！
　　　　QM 我非要坐！你爸爸你妈妈的车，再说！
　　　　……
　　　　X 反正涛涛要搬到我家，你下去，你下去！以后不跟你玩了，反正我们小区有很多人。你小区没有人。下去！肇林也不是你的朋友。<u>还非要坐</u>！

在辛奕家小车上，辛奕和丘丘发生冲突。辛奕不让丘丘坐车，丘丘妈妈斥责辛奕没礼貌。辛奕不理会丘丘妈妈的批评，继续驱赶丘丘。辛奕说了很多要孤立丘丘的话，话到最后还不忘以"还非要坐"来反驳之前丘丘妈妈说的"非要坐"。

例18　X 啊！帮我搞！谁叫你<u>搞成这样的</u>？
　　　　SU 哪一个啊，怎么搞？叔叔不会搞耶。把这搞进去？

辛奕在西校区玩。叔叔把辛奕的玩具搞坏了。辛奕很生气，责怪叔叔把他的玩具弄坏了，并命令叔叔把玩具搞好。

四　小结

辛奕向父母宣泄不满，使用得最多的是抱怨，而且经常出现过度抱怨。辛奕对父母的责怪和拒绝、不允许之类的抵触对抗行为比较多。

对老师，辛奕能比较好地控制自己的情绪和语言表达。辛奕对老师的不满只限于抱怨和少量的责怪。语料中没有出现对抗行为，也没出现责令禁止、驱赶、咒骂和威胁。

辛奕对其他成人表示不满并不多见。语料中只有几例，没有出现对抗行为，也没有出现驱逐、咒骂、威胁。

第四节　对同伴的不满行为

一　对年长同伴的不满

（一）对年长男同伴的不满

1. 对柳兴的不满

例 19　（L：柳兴，X：辛奕，M：辛奕妈妈，B：辛奕爸爸。在柳兴家车上，辛奕不满柳兴的不友好。）

L 不要踩。	(1)
X <u>那你不要踩我的车</u>。	(2)
……	
X 没关系，大家踩自己的车。	(3)
L 好，那我就踩你的，没关系，就踩你的。	(4)
……	
X 你踩就踩，我踩就踩。爸爸！	(5)
B 诶。	(6)
X <u>有时候他坐我的车，不要给他坐，柳兴</u>。	(7)
B 为什么？	(8)
L 那别坐我的车。	(9)
B 对啊，大家的都可以坐。好朋友嘛。	(10)
……	
X <u>这样坐，这样踩又没关系，他还说</u>！	(11)

　　柳兴不满辛奕踩他家的车，辛奕回应说"那你不要踩我的车"。辛奕妈妈在一旁调解说"没关系的"。辛奕接着说"没关系，大家踩自己的车"。柳兴听辛奕说"没关系"，马上对辛奕说"好，那我就踩你的，没关系，就踩你的"。辛奕不知道如何应对柳兴，他向爸爸寻求帮助，要爸爸答应以后不给柳兴坐车。柳兴立刻说不给辛奕坐他的车。话轮 11，辛奕对柳兴表示不满。然后辛奕靠着妈妈，做要睡觉的样子，其实是不满柳兴不友好，以此排斥柳兴。

……	
X 小弟弟怎么还没醒啊？	(12)
L 你去睡觉啊，自己说睡觉又不睡觉？	(13)

— 139 —

X <u>不要管我的事好不好？</u> (14)
L 那就下车！ (15)
X <u>老管我的事干嘛？为什么管我的事？</u> (16)
……
L 那这个不给你玩。你不睡觉，不给你玩。 (17)
X <u>我睡觉好了，你又说不跟我玩。我没睡你又说不跟我玩。</u> (18)
L 那快点睡啊。 (19)
M 老跑我这里来，不行的咧，老跑我这里来。 (20)

柳兴故意玩装扮游戏逗引辛奕，辛奕果然插话。柳兴嘲讽辛奕说"你去睡觉啊，自己说睡觉又不睡觉"。话轮 14，辛奕不满柳兴管他。话轮 15，柳兴又一次要辛奕下车。过了一会儿，辛奕要玩柳兴车上的玩具，但柳兴不给辛奕玩，原因是辛奕说睡觉又不睡。话轮 18，辛奕反驳柳兴说"我睡觉好了，你又说不跟我玩。我没睡你又说不跟我玩"。说完，辛奕生气地坐回妈妈身边，不要跟柳兴玩。

……

X <u>不要来他的车了嘛。他老是不给我坐</u>。 (21)
……
L 为我的国家，为我的国家。 (22)
X <u>不要这样。不要老为我的国家，为我的国家。叔叔，放小声一点。他老是吵吵吵吵吵。叔叔，放小声。柳兴老是吵吵吵吵</u>。 (23)
……
X <u>谁叫你老是吵吵吵</u>。 (24)

话轮 21，辛奕向妈妈抱怨说柳兴老是不给他坐车。一会儿后，柳兴要听歌。辛奕要求柳兴爸爸不要总是放同一首歌，而且不要放很大声。话轮 23、话轮 24，"柳兴老是吵吵吵吵吵""谁叫你老是吵吵吵"，"吵"多次重复使用，发泄了辛奕对柳兴一路上不友好言行的不满。

例 20 （在柳兴家玩，辛奕不满柳兴不给看他喜欢看的动画片，不满柳兴要他学东西。）

  L 你要看迈克啊？ (1)
  X 唉。 (2)
  ……
  X 猫和老鼠，我要看—— (3)
  ……

第七章 不满类言语行为分析

X 小气鬼，不来你家了。 (4)
L 不来就不来。 (5)
X 我想看猫和老鼠诶，总是—— (6)
……
X 你总是这样。 (7)
L 那你要看哪个？ (8)
X 我要看猫和老鼠都不给我。 (9)
L 猫和老鼠坏啦。因为我长大，都不要用啦。不要看动画片。我只看迈克。 (10)
X 迈克都不好看。 (11)
L 那你还说让我拿？ (12)

在柳兴家，辛奕让柳兴给他放迈克杰克逊搞笑的碟片，但柳兴说要看可怕的。辛奕要看猫和老鼠，柳兴坚持要给辛奕看可怕的碟。辛奕不满柳兴，话轮4，辛奕威胁柳兴说"不来你家了"。柳兴回应说"不来就不来"。辛奕的威胁并没有让柳兴同意给他看猫和老鼠，柳兴只同意让辛奕看迈克的碟。辛奕对柳兴说迈克的碟不好看，他改主意想看猫和老鼠。柳兴反驳辛奕说迈克碟不好看为什么还让他拿。

……
L 我要你背一个江南，会不会，江南？ (13)
……
L 我跟你读要不要？我给你看。 (14)
X 呣35，这是一，不知道啦，不要跟你搞啦。 (15)
L 那你回家。 (16)
……
X 哼！你总是这样。我不想跟你管了，然后你总是会那个样子。 (17)
L 哇！梅雨天涯。 (18)
X 什么，是什么？ (19)
L 你都不要来看，你跑来干嘛？哇，像打雷一样啊。 (20)
X 给我看一看嘛。 (21)
L 谁叫你，那你要背。 (22)
X 咳，那我这么小怎么能知道呢？ (23)
L 那我这么小也会啊，我两岁就开始背啦，就可以啦。你还比两

岁大。6,7岁啦,7岁。 (24)
X 但是我这个字都没学过。啊?怎么搞? (25)
L 那我字也没学过,我还没上幼儿园咧。……过来,过来。 (26)
X 算了,不跟你玩啦。 (27)
L 教你,等下你读小学你就会背。 (28)
X 嗨35。 (29)
L 等下你读小学不会背,你别怪我。你读小学,老师也会发这个。你不会背别怪我。 (30)
X 嗯? (31)
L 我先教你背,等下你长大就会背啦。读小学的时候就不用。你说你说,妈妈,我会背啦,你一下子就背完。 (32)

辛奕继续在柳兴家玩。柳兴想教辛奕学背诗歌,辛奕不同意。柳兴威胁说让辛奕回家,辛奕不满。为了吸引辛奕注意,柳兴故意对着书本大声说"哇,梅雨天涯"。当辛奕被吸引过来问柳兴是什么时,柳兴嘲讽他"你都不要来看,你跑来干嘛"。接着,柳兴又大声说"哇,像打雷一样啊"。辛奕又好奇地要求柳兴给他看。柳兴继续要求辛奕学背诗歌,辛奕还是不同意。话轮23,辛奕对柳兴说"我这么小怎么能知道呢"。话轮24,柳兴反驳辛奕说"那我这么小也会啊,我两岁就开始背啦,就可以啦,你还比两岁大"。话轮25,辛奕继续说明不会的理由"但是我这个字都没学过。啊?怎么搞"。柳兴反驳说"那我字也没学过,我还没上幼儿园咧"。辛奕坚持不背。话轮28、30、32,柳兴从辛奕的利益出发劝说辛奕要背诗歌。最后,辛奕同意背诗。

与第三章指令类言语行为中的表现相似,柳兴比辛奕大一周岁,各方面都存在优势,二者关系中处于强势方。遇到不同意见时,柳兴往往能通过劝说或威胁等方式坚持自己的意见。辛奕比柳兴小,又对柳兴存有较强的交往意愿。所以遇到不同意见时,辛奕很难坚持自己的意见,最后多半被迫服从对方。因此语料中,辛奕的抱怨比柳兴的多,威胁、排斥等行为比柳兴少。

2. 对荣生的不满

例21 (R:荣生,六周岁男孩。T:涛涛,六周岁男孩。X:辛奕。三个小朋友在西校区玩,辛奕不满荣生戏弄自己。)

R 快下去吧!我让你下。哈哈哈哈!上当啦! (1)
X 上什么当啊? (2)
……
X 什么啊?玩这些不好。哼,总是这样。不跟你玩了。 (3)

```
    ......
    R 辛奕。                                                          (4)
    X 干嘛？不跟你们玩，不跟你们玩啦。找丘丘玩吧，不跟你玩了。
      你们总是欺负我，那我还跟你玩吗？                                (5)
    R 好啊，那你以后别来啦。                                          (6)
    ......
    X 哼！总是欺负我。                                                (7)
```

辛奕、涛涛和荣生在西校区玩。荣生戏弄辛奕。辛奕不满荣生不友好，自语道"哼，总是这样。不跟你玩了"。当荣生叫辛奕时，辛奕回应说不要跟荣生玩，荣生表示不在乎。

```
    ......
    T 你踩这种水我就给你抓。不踩我不给你抓。                         (8)
    X 踩什么水啊？                                                    (9)
    T 这个啊，除了给你抓，还要加你一块金牌。                         (10)
    ......
    X 那你拿出来看一看啊？                                           (11)
    R 你踩那个水，我才给你看。                                       (12)
    X 我早就踩好了。你，你还，骗人！                                 (13)
    R 给你！哈哈哈哈！                                                (14)
    X 骗人！                                                          (15)
    R 你上当啦！你踩到涛涛的尿啦！哈哈哈哈！                         (16)
    X 不跟你们玩了，不跟你们玩了，哼！……不跟你们玩了，哼！总是
      欺负我，哼！吵到我，又总是不跟我玩，来的时候还跟我玩的，现
      在呢现在呢？哼！以后不来这里玩了，哼！哼！……总骗我，骗我
      两次你们鼻子会长的！跟你，我来这里是为了玩，然后你来这里呢？
      不是，然后你家住在这里就是来骗的，总是骗人不好。哼！哼！而
      你来这里呢，就是拿来骗，这个脑子怎么想的呀？哼！（自语）(17)
```

地上有一摊水，荣生骗辛奕踩水。辛奕踩了以后，荣生告诉他那是涛涛撒的尿。辛奕发现再次被戏弄后，生气地走开了。他一边走，一边以自语形式表达对荣生的不满。话轮17，辛奕以多次重复"不跟你们玩了"来表达对同伴的抵触和对抗心理，又多次抱怨荣生"总是欺负我""吵到我""总是不跟我玩""总骗我"，然后以"以后不来这里玩了"再次表达对同伴的不满。辛奕警告荣生，骗人的结果是"鼻子会长的"。他对自己之前的行为意图做了

说明"来这里是为了玩",又对同伴前后不同言行态度做了比较"来的时候还跟我玩""住在这里就是来骗人",中间重复两个"现在呢"质问同伴的言行态度的变化。接着,他两次以设问的形式责问对方,最后又责问"这个脑子是怎么想的",结束宣泄。

荣生、涛涛两个男孩比辛奕大一岁。辛奕经常跟涛涛玩,但不经常跟荣生玩。例21,辛奕跟荣生发生冲突以后,辛奕不是直接与荣生对抗,而是选择离去。在路上,一边走一边自语式地宣泄对荣生的不满。荣生比辛奕年纪大,与辛奕关系比较生疏,对辛奕选择这种间接形式宣泄不满有一定的影响。

(二) 对年长女同伴的不满

1. 对扬蔻的不满

例22 （YK：扬蔻,九周岁女孩。X：辛奕,A：阿姨。扬蔻家请辛奕和柳兴两家在粥铺吃饭,辛奕不满扬蔻玩他的橡皮泥。）

X 把橡皮泥还给我。	(1)
YK 你自己去拿。	(2)
X 为什么?臭屁,别怪我不客气!	(3)
YK 别踩这里。	(4)
……	
X 就要踩,谁叫你不把橡皮泥还给我。	(5)
……	
X 等下我把你压进去了。	(6)
YK 我要你赔钱。	(7)
X 你敢?	(8)
YK 我敢,你还打不过我,我告诉你。	(9)
X 干嘛?	(10)
YK 这不是你请,这是我爸爸请。	(11)

辛奕要求扬蔻把橡皮泥还给他,扬蔻让辛奕自己去拿。辛奕不满被扬蔻拒绝。当扬蔻要求辛奕"别踩这里"时,话轮5,辛奕回之以"就是要踩"故意违逆辛奕的意愿,并责怪扬蔻不把橡皮泥还给他。话轮6,辛奕说要把扬蔻压进椅子,扬蔻回应说要辛奕赔钱。辛奕对扬蔻说"你敢",扬蔻回答说"我敢",并给出理由说"你还打不过我",指出二人的力量差别。话轮11,她又对辛奕说"这不是你请的,这是我爸爸请的",强调了她施予者的地位和主场的话语权。

X 不要这个,这个会很黏的。	(12)

第七章 不满类言语行为分析

YK 没事！我再帮你弄出来好不好？帮你弄出来。 (13)
X <u>你总是这样</u>。 (14)
YK 那我不在纸上玩好不好？我就这样子玩。 (15)
X <u>你看</u>！ (16)
YK 那帮你弄回去。在这里就行。帮你弄出来，你看，很容易弄的。 (17)
X <u>等下搞成这样</u>。 (18)
YK 借我玩一下嘛，我能帮你弄出来，你那么小气，等下我也小气。好吃的给你一个，你就死定了。能吃一点点。 (19)
……
X <u>干嘛把我的橡皮泥搞成这样啦</u>？ (20)
……
X <u>你搞的，你看你搞成这样啦</u>。 (21)
……
YK 做面条。诶，你拿这个，这个，这个更好一点。把你那个拿过来。 (22)
X <u>还拿一个啊？只能拿一个耶</u>。 (23)
YK 那你也可以再拿啊。 (24)
X <u>这是你的还是我的呀</u>？ (25)
……
X <u>你搞！你搞！你两个都是这样。谁叫你拿出来这么多？</u> (26)

辛奕不满扬蔻玩他的橡皮泥。扬蔻多次劝说无效后，话轮19，她威胁辛奕说"你那么小气，等下我也小气。好吃的给你一个，你就死定了，只能吃一点点"。辛奕发现自己亦有求于扬蔻，被迫答应让扬蔻玩他的橡皮泥。因为辛奕并不情愿给扬蔻玩橡皮泥，话轮20、21，他又多次对扬蔻表示不满。话轮23，辛奕回绝扬蔻的要求，强调橡皮泥是他自己的，扬蔻得听他的而不是他听扬蔻的。话轮26，辛奕责令扬蔻把他的橡皮泥重新搞好。

X 啊，粑粑！ (27)
YK 每人只能拿一个，每人只能拿一个。 (28)
……
X <u>凭什么啊</u>？ (29)
YK 因为我请客，得听我的。 (30)
X <u>凭什么呐</u>？ (31)

— 145 —

YK 那我待会儿不给你。 (32)
……
X 凭什么要听你的呀？ (33)
YK 那我就不给你。怎么着？ (34)
X 那你就自己一个人回家。 (35)
YK 你才回家，又不是你请，我还可以把你赶出去。 (36)
X 你敢？ (37)
YK 我敢。 (38)
……
X 你赶啊？把我赶出去啊？赶啊，你赶啊？你把我赶出去啊？
(39)

YK 吃两个，不给你。 (40)
X 为什么别人吃，你就吃两个，别人就吃一个？ (41)

　　开始吃饭了，先上了一碟米粑粑，扬蔻限定一人只能拿一个。辛奕不满扬蔻，话轮29、31、33，多次以"凭什么"责问扬蔻。扬蔻回答说"因为我请客，得听我的"并以"我待会儿不给你"强调她施予者的地位。话轮35，辛奕威胁扬蔻说"那你就自己一个人回家"。扬蔻则反驳辛奕说"你才回家，又不是你请"，再次强调自己施予者的地位和主场的话语权，并威胁辛奕说"我还可以把你赶出去"。辛奕不满扬蔻的强硬态度，话轮39，他多次挑衅扬蔻。扬蔻表示"吃两个，不给你"。话轮41，辛奕责问扬蔻。但最后他十分无奈地结束对抗。

　　扬蔻比辛奕大三周岁，和辛奕经常在一起玩耍。因为两人关系很熟，发生冲突的时候，辛奕对扬蔻毫不避让地发出抱怨、斥责、威胁，以致扬蔻对辛奕说"你还打不过我"，强调二人的力量差距。辛奕的主场意识比客场意识强。他人主场优势不明显时，辛奕不能主动控制自己的情绪和言行。当他人刻意强调主场优势，并对辛奕有所限制时，辛奕被迫退让。如本例，扬蔻多次强调是她爸爸请客，可以不给辛奕吃东西，也可以赶他走。上米粑粑的时候，扬蔻果真限制辛奕，辛奕无奈之下只好放弃与扬蔻对抗。

2. 对媛媛的不满

例23 （Yuan：媛媛姐姐，7周岁。XM：莹莹姐姐，6周岁，X：辛奕，M：辛奕妈妈。春节，辛奕回老家。辛奕跟姐姐们玩球的时候，媛媛姐姐的球砸到辛奕的鼻子，辛奕很生气。）

Yuan 你在那边，我们这样子踢。 (1)

X 不要。   (2)

Yuan 为什么？好吧。嗨35，对不起。   (3)

X 你总是说很多对不起啦。我妈妈说不能总是说对不起的。还这
样传球？   (4)

……

Yuan 这样扔啊？   (5)

X 我才不要呢。谁叫你扔到我的鼻子？说对不起是没用的。   (6)

……

X 你扔到我鼻子，我当然，不扔，不扔不踢啦。你已经说了三次
对不起啦。本来我想跟你踢这个，这个篮球的，后来后来你打
到我鼻子了，我就不跟你不踢了。但是你不要总是玩那些危险
的呀。你踢我我就不踢。   (7)

Yuan 来，那你传球总行了吧？你传球。你传球。   (8)

……

X 你总是搞人家，人家就不跟你玩啦。你不要搞人家，人家每次
才跟你玩。叫你不要搞，你硬要搞！   (9)

X 那谁叫你打我的呀？   (10)

Yuan 不是故意的。   (11)

……

X 不是往这边踢，是我们两个，是我们两个在那边。   (12)

Yuan 都是在这边了。   (13)

X 为什么都是在这边啊，这边又没画。那凭什么听你的呀？我跟
你玩你就不要总是搞到我嘛。跟你玩你就总是搞到我。我想跟
你玩的时候，你为什么总是搞到我呀？   (14)

Yuan 你看嘛，我这样搞的时候，是你接不住。   (15)

X 我就告诉你爸。   (16)

Yuan 告就告呗。   (17)

X 那我不跟你玩喽，你想玩——   (18)

Yuan 那踢到这边，这样子踢。   (19)

X 那你搞到我我就不踢嘛。hm53！还让人家踢？   (20)

Yuan 我不是没搞到你啦。   (21)

……

Yuan 我又不是故意搞到你的。(22)
X 总是这样扔,你就是故意的。你看这样,搞到我啦。(23)
Yuan 那你这样啊。(24)
X 真是的。(25)
……
X 哼,你都搞到我三次了还还说对不起。以前我搞别人是不小心的。然后现在是你——(26)
Yuan 是小心的。这是故意的,你也是故意的。(27)
……
X 好,那给你一次机会,知道吗?如果你再那样的话,我就不跟你玩啦,好不好?知道吗?(28)

辛奕和几个堂姐在老家过年。玩球的时候,媛媛姐姐的球砸到了辛奕,辛奕很生气。媛媛想再跟辛奕玩球,辛奕不答应。媛媛向辛奕道歉,辛奕拒绝接受。辛奕以球会扔到他为由不同意媛媛的提议。媛媛解释说是不小心的,球是砸到辛奕的不是踢到的。辛奕仍然不愿跟媛媛玩踢球。话轮7、9、10,辛奕一直诉说媛媛的不是。媛媛又解释说不是故意的。话轮14,辛奕因为接不住媛媛的球而责怪媛媛。媛媛辩解说是辛奕自己接不住球。辛奕见媛媛不认错,话轮16,他威胁媛媛说"我就告诉你爸爸"。媛媛表示无所谓。辛奕继续威胁说"那我不跟你玩喽"。媛媛退让并提议改换踢球的方向。话轮20、23、25、26,辛奕仍然不依不饶地斥责媛媛,而媛媛多次辩解无效后也开始不耐烦。经过一番对抗责难解释后,话轮28,辛奕对媛媛说"好,那给你一次机会,知道吗?如果你再那样的话,我就不跟你玩啦,好不好?知道吗",辛奕用带威胁和警告的语气要求媛媛不要再搞到她。很有意思的是,话轮28,句末辛奕用了表示协商的问句形式"好不好"。辛奕发现表达不对后,马上换用了"知道吗"这个带有训斥意味的问句形式。

X 踩我干嘛啊?(29)
Yuan 对不起,那你不吃早餐啦?(30)
X 你踩我,你已经踩了8,踩4次,我就不——(31)
Yuan 不小心的,我又不是故意踩你的。(32)
X 以后我就不跟你玩球。(33)
Yuan 我不小心踩到他的脚他就说——(34)
XM 你踩到我脚我不跟你玩了。(35)
Yuan 我说我们一起玩游戏吧,他又说你搞到我鼻子我不跟你玩。(36)

……

Yuan 我是不小心的啦，辛奕就每次都说说说说。 (37)

X <u>那你不要老是搞到我那么多次啦，还说？</u> (38)

……

Yuan 我是不想跟你说话，你每次都—— (39)

……

X 我又要玩对对碰。 (40)

Yuan 给我玩一下吗？ (41)

X 你你说我我就不给你玩。 (42)

Yuan 好，不说你了，可不可以？我用手指啊？ (43)

  第二天早上，媛媛姐姐不小心踩到辛奕。话轮29、31、33，辛奕又多次斥责姐姐。媛媛姐姐道歉、辩解无效后，她当着辛奕的面向莹莹姐姐数落辛奕不是。辛奕知道媛媛姐姐喜欢玩导航仪里的游戏。当辛奕发现自己遭到媛媛姐姐和莹莹姐姐的共同排斥时，为了消除姐姐对他的排斥，辛奕上楼问妈妈要了导航仪。然后拿到姐姐跟前，故意大声说要玩对对碰以此吸引姐姐注意。正如辛奕估测的那样，媛媛姐姐果然过来与辛奕搭话，要辛奕给她玩对对碰。辛奕要求姐姐不再"说"他，媛媛答应了。于是两人和好。

  媛媛比辛奕大两岁，但是辛奕知道媛媛姐姐喜欢玩他的导航仪游戏，又喜欢找他玩球，所以跟媛媛发生冲突的时候，辛奕对自己的情绪及言语表达丝毫不加控制。冲突过程中，辛奕出现过度不满，并且出现抱怨、斥责、责令、威胁警告等多种不满形式。媛媛多次道歉、辩解无效后，和莹莹共同排斥辛奕。辛奕被迫停止不满宣泄，想办法解决了冲突。

二 对同龄同伴的不满

（一）对丘丘的不满

  丘丘，五周岁男孩，冲突型性格，比辛奕小三个月，是辛奕从小就玩在一起的伙伴。二人能合作游戏，但冲突比较多。

  例24 （Q：丘丘，X：辛奕，M：辛奕妈妈，QM：丘丘妈妈。在辛奕家的车上，辛奕要求丘丘不要相信涛涛，丘丘不答应。辛奕不满。）

X 你别相信涛涛。 (1)

Q 为什么别相信？ (2)

……

X <u>我不相信你了。</u> (3)

Q 我相信涛涛。 (4)
X 那我不跟你好了。 (5)
Q 好啊，反正我一直一直跟涛涛玩。 (6)
X 那你就不要坐我的车。 (7)
Q 妈妈，辛奕说我相信涛涛就别坐他的车。 (8)
QM 诶，辛奕怎么会这么说啊？ (9)
X 别坐啦。 (10)
QM 我非要坐，你爸爸你妈妈的车，再说—— (11)
X 不给坐，下去！ (12)
M 咧，辛奕！不给这样讲话！ (13)
……

X 下去，下去！ (14)
……

X 下去！ (15)
M 哪有这么讲话的咧？等下我就让你下去。 (16)
X 你下去，你快下去！ (17)
Q 你别管我！ (18)
X 你下去！ (19)
Q 你想管涛涛。他才不会听你的呢！ (20)
X 滚出去！下去，下去！你下去！ (21)
Q 你下去！ (22)
X 你下去，这不是你的车。 (23)
……

X 反正涛涛要搬到我家。你下去，你下去！以后不跟你玩了，反正我们小区有很多人。你小区没有人。下去！肇林也不是你的朋友。还非要坐！ (24)
……

X 下去，现在就下去！ (25)
QM 涛涛有点伤心。 (26)
M 干嘛？ (27)
QM 不能去嘛。 (28)
X 不能去哪里？ (29)
Q 我妈才不告诉你。 (30)

QM 因为他爸——，丘丘，说话要有礼貌！　　　　　　　　　　（31）
X 好，你说这样，你就别坐我的车！　　　　　　　　　　　　（32）
QM 辛奕，是你的车到处乱扔是不是？　　　　　　　　　　　　（33）
X 才不是呢。　　　　　　　　　　　　　　　　　　　　　　（34）
Q 就是！　　　　　　　　　　　　　　　　　　　　　　　　（35）
X 下去，下去，下去，以后不要坐我的车了（小声）。　　　　（36）
Q 我早就听见你说话了。　　　　　　　　　　　　　　　　　（37）
X 下去！　　　　　　　　　　　　　　　　　　　　　　　　（38）
Q 以为这样我就听不见吗？　　　　　　　　　　　　　　　　（39）
X 快下去！　　　　　　　　　　　　　　　　　　　　　　　（40）
M 辛奕，柳兴哥哥这样对你说话的时候，你高兴不高兴，你说？
　　　　　　　　　　　　　　　　　　　　　　　　　　　　（41）
X 下去！　　　　　　　　　　　　　　　　　　　　　　　　（42）

　　在辛奕家车上，辛奕让丘丘不要相信涛涛，丘丘不同意。话轮5，辛奕威胁丘丘说不跟他好。丘丘坚持要相信涛涛。辛奕不让涛涛坐车，丘丘向丘丘妈妈告状。丘丘妈妈批评辛奕，但辛奕不理会丘丘妈妈的批评。辛奕妈妈劝辛奕，辛奕也不听。话轮14、15、17、19，辛奕多次排斥丘丘。丘丘不让辛奕管他的事，他对辛奕说"你想管涛涛，他才不会听你的呢"。辛奕不满丘丘的不顺从，话轮21，辛奕对丘丘说"滚出去，下去，下去，你下去"。丘丘不避让，回应说要辛奕下车。话轮23，辛奕再次驱逐丘丘，并申明"这不是你的车"。话轮24，辛奕试图孤立丘丘，话到最后还不忘以"还非要坐"反驳丘丘妈妈说的"非要坐"。辛奕妈妈不许辛奕说话没礼貌。辛奕仍然排斥丘丘，但稍有收敛。丘丘妈妈和辛奕妈妈说涛涛家的事，辛奕接丘丘妈妈的话问丘丘妈妈。丘丘回答"我妈才不告诉你"以此表达对辛奕的不满。话轮32，辛奕再次威胁丘丘"好，你说这样，你就别坐我的车"。丘丘妈妈批评辛奕在车上扔东西。辛奕否认说不是，而丘丘说是，二人又一次发生冲突。话轮36，辛奕要丘丘"下去，下去，下去，以后不要坐我的车了"，因为怕惹怒妈妈，辛奕说到后面音量逐渐变小。果然妈妈又开始批评辛奕，不满辛奕没礼貌，说话不算话。

Q 妈妈，这个是谁的？你告诉我，这个是谁的？　　　　　　（43）
X 是我的。　　　　　　　　　　　　　　　　　　　　　　　（44）
Q 是你的就是你的。　　　　　　　　　　　　　　　　　　　（45）
QM 唉，不能这样说话。我打你的，说话没礼貌。　　　　　　（46）

（丘丘妈妈训斥丘丘，辛奕在一旁偷笑。）
Q 你有本领自己造一张。你捂着嘴巴我都能听到你笑。你以为这样我就听不见？笨蛋！ (47)
X 以后别坐我的车，你就是讨厌的讨厌的讨厌的讨厌的—— (48)
……
Q 我回去把你，把你，回去我把把你跟说的这件事给涛涛听听。 (49)
……
QM 丘丘，跟叔叔阿姨再见。 (50)
……
QM 跟辛奕也说再见。 (51)
Q 辛奕再见！（大声） (52)
……
Q 你以后别想再见到我了。 (53)
X 以后我再也不跟你好了。 (54)
Q 我说给涛涛听。 (55)
X 说就说。 (56)

丘丘问妈妈车上的东西是谁的，辛奕回答说是他的。丘丘不满辛奕之前的排斥，回应说"是你的就是你的"。言下之意是，你有这个也没什么了不起。丘丘妈妈立刻批评丘丘说话没礼貌。辛奕见状在一旁偷笑。丘丘不满辛奕，话轮47，他对辛奕说"你有本领自己造一张，你捂着嘴巴我都能听到你笑。你以为这样我就听不见？笨蛋"。丘丘的斥责再度引发辛奕的不满。话轮49，丘丘威胁辛奕说要把这件事告诉涛涛。丘丘要下车时，丘丘妈妈让丘丘跟辛奕家道别，丘丘恨恨地跟辛奕说再见。话轮53、55，丘丘威胁辛奕说不要跟辛奕好。辛奕也回应说不要再跟丘丘好。

这是一段持续的冲突对话。冲突过程是：在辛奕家车上，辛奕要求丘丘不要相信涛涛，丘丘不同意。辛奕不满丘丘的不顺从，多次使用主场话语权驱赶丘丘下车。在辛奕为主，丘丘为客的情况下，丘丘的言辞毫不避让，二人冲突不断。

（二）对扬扬的不满

扬扬，五周岁男孩，比辛奕小四个月。扬扬个子小，性格比较内向，跟其他男孩追逐打闹比较少。

例25 （Q：丘丘，Y：扬扬，X：辛奕。XS：许生，四周岁男孩。幼儿

第七章 不满类言语行为分析

园放学后,辛奕玩游戏的时候,不小心把扬扬的磁铁棒弄湿了。扬扬很生气。辛奕辩解无效后很排斥扬扬。)

X 谁叫你,谁叫你进老鼠洞。罚十次,对吧? (1)

……

X 谁叫你,我停止了你还抓就罚十一次。Hm53! (2)

……

Y 我抓住你了。 (3)

X 抓住了又怎么样?快跑! (4)

……

Y 抓住了,抓住了。 (5)

X 走开! (6)

Y 你被我抓住了。 (7)

X 抓住了又怎么样,罚十次,抓住没关系。Hm53! (8)

　　幼儿园放学后,辛奕跟丘丘、扬扬玩猫捉老鼠的游戏。第一轮,辛奕主动提议自己当猫,丘丘和扬扬当老鼠。游戏开始了,辛奕捉到了扬扬。按游戏规则,轮到扬扬当猫。扬扬不懂游戏规则拒绝当猫。辛奕和丘丘不满扬扬说话不算话,扬扬被迫当猫。辛奕已经跑到他们画好的老鼠窝区域,扬扬仍然去捉辛奕。因为扬扬违反规则两次进入老鼠洞,辛奕罚扬扬当十次猫。游戏继续进行,辛奕在扬扬还没有抓住他之前说停止游戏,但扬扬不理会辛奕,仍然捉辛奕。扬扬连续两次说抓到辛奕。辛奕一次解释说是已经进老鼠洞,扬扬不能抓,另一次则索性说"抓住了没关系"。

Y 你,你弄湿了,你得把我的弄干净。哎呀,真讨厌!你这个辛奕!你给我弄干,弄干!哼! (9)

X 谁叫你总是搞我,还不听! (10)

Y 那是你弄湿的! (11)

X 你还哭什么哭?自己一下就干了,对吗? (12)

……

X 小气鬼,好小气。好小气。谁叫你总是,谁叫你总是那样。Hm53!扬扬总是这样,抓人家,人家很累了。 (13)

Y 不能弄我的!你把它弄湿的。你不晓得把它弄干的地方去吗? (14)

X 谁叫他这样,自己干了就好了对吧? (15)

……

— 153 —

X 还哭什么哭？小孩子就是这样。 (16)

……

X 干嘛呀，又怎么啦？打我就有用吗？你以为我是神仙对吧，哈？hm53！又怎么啦？ (17)
Y 把我的扔湿了！ (18)

……

X 谁叫你刚刚你总是搞我，对吧？ (19)

……

X 你刚刚总是在抓我。 (20)
Y 那你不是，那你不是要求我抓你的吗，啊？ (21)
X 那是老鼠洞诶。……老鼠洞怎么能，猫怎么能进去？一下就干了，对吧？ (22)

丘丘把扬扬的磁铁棒打断了，辛奕从丘丘手中拿走扬扬的磁铁棒。扬扬追着辛奕要抢回磁铁棒。辛奕把磁铁棒扔给扬扬，磁铁棒掉进水里，扬扬见状哭了起来。话轮9，扬扬责怪辛奕并命令辛奕把磁铁棒弄干。辛奕辩解说是扬扬追他，磁铁棒才会掉到水里。话轮10、12、13、15，辛奕责怪扬扬老是抓他，让他很累，并认为这是磁铁棒湿了是小事一桩，扬扬没必要哭。扬扬生气地走过来推辛奕。话轮17，辛奕责问扬扬"打我就有用吗？你以为我是神仙对吧，哈"。扬扬责怪辛奕把磁铁石扔湿了。辛奕回答说是因为扬扬追他。扬扬反驳说是辛奕要求他来抓的。话轮22，辛奕解释说，老鼠洞猫不可以进去。

Y 你会后悔的！ (23)
X 后，你一定会后悔的。Hm53！ (24)

……

X 你才后悔呢！臭扬扬。 (25)

……

X 一下就搞好了，你还说！ (26)
Y 那你刚才干嘛要打我一棒？弄湿。 (27)
X 弄湿又怎么样了，对吧？ (28)
Q 扬扬，不是弄湿，你一摔就容易容易断。 (29)
X 对，是不是啊？哼！那么铁还能弄断吗？ (30)

……

X 弄湿又怎么样啦？跟我说这个事啊，哈？对啊，对不对，对不

对，丘丘? (31)
……
Q 我可不知道听谁的。 (32)
X 听我的，我是哥哥。 (33)
Q 我可不听你的。 (34)
X 不听就不听，谁怕谁啊？你打我呀？你敢打我我踢死你。你敢，你敢呀？打我呀？ (35)

扬扬对辛奕说"你会后悔的"，辛奕反驳说"你才后悔呢，臭扬扬"。辛奕对扬扬多次表示不满感到不耐烦，他很挑衅地对扬扬说"弄湿又怎么样啦？跟我说这个事啊，哈"。辛奕向丘丘寻求认同，丘丘表示不知道该听谁的。辛奕回答说，听他的，因为他是哥哥。丘丘说不听辛奕的。话轮35，辛奕又很挑衅地回应了丘丘。

Q 你把我的金箍棒弄湿了。 (36)
X 我帮你搞吧。 (37)
Q hm53！真是的。 (38)
X 擦擦擦，擦好啦。……啸！ (39)
Y 不要，你这个辛奕。刚才辛奕又把我的—— (40)
……
X 是你的吗，对吗？hm53！能玩啊。啸！ (41)
Y 不要砸好不好，辛奕。不要好不好？ (42)
……
Y 不要弄好不好，辛奕？ (43)
X 这不是你家的东西。 (44)
……
X hm53！搞歪你的。 (45)
……
Y 最好不再弄我的。 (46)
……
Q 你最好不再弄别人的。 (47)
……
X 你越说不要我越毁。 (48)
Y 真是的！ (49)
X 你越说不要我越毁，知道吗？ (50)

……
Y 你这个辛奕！ (51)
……
X 诶，我们，我们来搭一个好玩的城堡。 (52)
Y 不要。 (53)
X 这是你的吗？ (54)
Q 你就知道说这是你的吗，这是你的吗，难道这是你的吗？ (55)
X <u>这是许生的。敢怪我</u>？……你要给我搭一个很漂亮的城堡，我才不会毁了。知道吗？ (56)

  辛奕、丘丘、扬扬去许生家玩。丘丘责怪辛奕把他的金箍棒弄湿了。辛奕立即答应给丘丘擦干净。擦好金箍棒以后，辛奕看到扬扬在一旁搭积木，他故意砸扬扬搭的积木。扬扬连呼"不要，不要"，试图制止辛奕。辛奕却回答说，积木不是扬扬的，大家都能玩，然后又继续砸积木。话轮42、43，扬扬央求辛奕不要再砸他搭的积木，辛奕不理会。话轮46，扬扬警告辛奕"最好不再弄我的"。辛奕反驳扬扬说这不是他家，积木是许生的不是他的。丘丘对辛奕的破坏行为也非常不满，要辛奕停止弄别人的东西。辛奕却回应说"你越说我越要毁"。话轮49、51，扬扬多次不满辛奕。一会儿后，辛奕提议搭个山洞，但扬扬不同意搭山洞而要搭城堡。辛奕又一次质问扬扬"这是你的吗"。辛奕多次对扬扬说"这是你的吗"，引起丘丘的不满。丘丘在一旁反驳道"你就知道说这是你的吗，这是你的吗，难道这是你的吗"。因为丘丘与扬扬一起反对辛奕，辛奕终于不再破坏扬扬的城堡。

  这是一段持续的冲突对话。基本过程是：辛奕、扬扬、丘丘玩猫捉老鼠的游戏，辛奕抓住扬扬，扬扬拒绝做猫。辛奕和丘丘不满扬扬，扬扬被迫当猫。——扬扬抓住辛奕，辛奕因扬扬闯进老鼠洞不遵守游戏规则而要求惩罚扬扬。——扬扬的磁铁棒被辛奕弄湿了，扬扬很生气，辛奕辩解无效后开始排斥扬扬。——去许生家，辛奕故意破坏扬扬的积木。

  玩猫捉老鼠的游戏，辛奕主动提议做猫并成功发起游戏，说明他是一个能合作游戏的孩子。在辛奕抓住扬扬后，扬扬却拒绝做猫，只在同伴的责怪下才勉强接受。这是扬扬较少与同伴玩耍，不能接受游戏规则的表现。玩耍过程中，丘丘也曾责怪辛奕把他的金箍棒弄湿了，而辛奕能立即把金箍棒擦干，平息丘丘的不满。但在与扬扬的冲突中，辛奕的交往态度和语言表达却有着很大的不同。面对扬扬的不满，辛奕从最初的辩解、说明发展到了斥责，又从斥责发展到了挑衅和敌对排斥。扬扬的过度抱怨应该是辛奕态度变化的一个主要原因。另一个原因是，在几个伙伴中，辛奕年纪最大，长得最高，对扬扬又没有强烈的交往意愿，所以没有刻意控制自己的情绪和言语表达。

这个语例中，我们又一次看到了群体效应。孩子有寻求认同的心理，得到他人认同，就会强化自己的行为。受到多人的排斥，则会试图改变自己的行为。春节回老家，辛奕多次不满媛媛姐姐，遭到了媛媛姐姐和莹莹姐姐共同排斥。随后，辛奕调整交际策略，想办法消除了姐姐对他的排斥。与辛奕遭到姐姐们的共同排斥一样，辛奕对扬扬多次实施敌对行为，也引起了扬扬和丘丘的共同不满，辛奕感觉被同伴孤立后，终止了对扬扬的敌对行为。

（三）对伯宜的不满

伯宜，五周岁男孩，是辛奕在幼儿园的班长。辛奕对伯宜的印象是"认识很多字""跳绳很厉害""表扬总是很多，然后批评就总是很少"。

例26　（BY：伯宜，X：辛奕，BB：伯宜爸爸。在饭店吃完饭后玩耍，辛奕不满伯宜抢他的贴贴纸。）

    X 诶，诶，你不是很多吗？伯宜，伯宜，我不是要你的。我看一下你是几个啊。　　　　　　　　　　　　　　　　　　　（1）

    ……

    BY 这是什么呀？　　　　　　　　　　　　　　　　　　（2）

    X <u>我不跟你说</u>。　　　　　　　　　　　　　　　　　　　（3）

    BY <u>你不跟我说，我生气啦。我跟你不相好啦</u>。　　　　　（4）

    X <u>不相好就不相好，我不跟你说</u>。　　　　　　　　　　　（5）

    BY <u>占我的位，我不要给你了笑脸</u>。　　　　　　　　　　（6）

    X <u>这样才好。你站在这里</u>。　　　　　　　　　　　　　　（7）

辛奕想看伯宜的贴贴纸，并跟伯宜解释不是要他的，但是伯宜没给他看。过了一会儿，伯宜问辛奕手上拿的是什么，辛奕不满之前伯宜不给他看而拒绝回答他。话轮4，伯宜威胁说"你不跟我说，我生气啦。我跟你不相好啦"。辛奕表示无所谓。伯宜在幼儿园经常帮老师给小朋友发笑脸贴贴纸，话轮6，伯宜不满辛奕占了他的位子，威胁说不要给辛奕笑脸。辛奕仍然无所谓。

    BY 我要这一袋的这个。　　　　　　　　　　　　　　　（8）

    X 不行。你刚刚说要喜羊羊，先说的就给你。　　　　　（9）

    ……

    BY <u>你不给我，我不跟你好了</u>。　　　　　　　　　　　　（10）

    ……

X 喷,那谁叫你不要啊? (11)
BY 咛,你不给我。你给我换一下。我要这一个嘛。 (12)
X 可是你刚刚说——。啊,不能自己撕噢。我跟你妈妈说。 (13)
BY 快给我!你给我那个。 (14)
X 可是我也喜欢它的呀。 (15)
……
BY 嗯,你想你给我那个,我才跟你—— (16)
X 好,我跟你妈妈说。等一下。阿姨,他抢我的东西。跟你妈妈说好了。等一下。我跟你妈妈说—— (17)
BY 我不给你说。 (18)
X 他抢的东西。 (19)
BY 彤欣送给我。 (20)
X 那谁叫你刚刚先说?……哎,叔叔,他本来说要这个,后来说要那个。 (21)
……
BY 那谁叫你不给我那个? (22)
X 好,我不给你。诶,他抢我的东西。那么大胆。我想一想能不能给你。 (23)
D 他看到什么东西都要,对不对? (24)
X 不要总是说他,等下他哭啦。 (25)
BY 你到底想出来了没有? (26)
X 我还想不出。 (27)
BY 想不出我就跟你不好。 (28)
X 那你这样,我就跟典典,跟你换,对不对?那你总是这样,总是说我的话,我就跟典典换。 (29)
BY 那好吧。 (30)
X (对典典说)我才不要换。如果他再这样的话,我就跟你换。 (31)
D 不想跟伯宜一起坐。 (32)

伯宜问辛奕要喜羊羊的贴贴纸,辛奕同意他的要求。伯宜想要换另一个,辛奕不同意。话轮10,伯宜坚持要换,他威胁辛奕说"你不给我,我不跟你好"。辛奕责怪伯宜改主意。伯宜仍然坚持要换一个,并想与辛奕争抢。辛奕转向求助伯宜的妈妈。话轮15,辛奕对伯宜解释说"可是我也喜欢它的呀"。

伯宜继续催促并威胁辛奕要求换贴贴纸。话轮21，辛奕又向伯宜爸爸求助。伯宜与辛奕再次发生争抢。辛奕不满伯宜的行为，当即表示拒绝给予。可是一会儿又说"我想一想能不能给你"，以此缓和矛盾。典典和伯宜也是同班同学，他在一旁批评伯宜"看到什么东西都要"。但辛奕却劝阻典典不要批评伯宜。伯宜又一次催促和威胁辛奕。话轮29，辛奕不满伯宜，他对伯宜说"那你总是这样，总是说我的话，我就跟典典换"。伯宜无奈地停止了要求。话轮31，辛奕跟典典说"我才不想换"，说明辛奕说"跟典典换"只是情急之下想出来的一个拒绝伯宜的办法。

这是一段持续的冲突对话。它的基本过程是，辛奕不满伯宜改主意，拒绝伯宜的要求。——伯宜坚持要求，并多次实施威胁。——辛奕想办法拒绝，伯宜不得不放弃要求。

以上分析我们看到同伴的年龄、性别、力量、性格、公众评价影响儿童的相互间的交往愿望，继而影响儿童的交际策略的选择。其中公众评价高，性格友善且具有较强协调和合作能力的儿童，无论他是男是女，是大是小，是在主场还是客场，都较少受到同伴的攻击和排斥。辛奕不满伯宜抢贴贴纸，冲突中二人言语都出现了斥责、威胁警告，但最后辛奕想办法解决了冲突。冲突过程中，虽然辛奕不满伯宜，可是当典典批评伯宜的时候，辛奕又劝阻典典不要批评伯宜，没有和典典一起共同排斥伯宜。

辛奕活泼好动，在学校经常得到老师的表扬也经常被老师批评。伯宜是辛奕幼儿园的班长，伯宜的父母和辛奕的父母又是同事，伯宜有时会和辛奕在西校区一起玩耍，所以伯宜比较熟悉辛奕的个性。冲突中，伯宜认为逼迫辛奕，辛奕会同意给他贴贴纸，所以他从要辛奕的贴贴纸发展到强行抢贴贴纸，而且多次威胁逼迫辛奕做决定。伯宜最后不得不放弃贴贴纸，是因为他知道典典的性格。典典比辛奕任性，不关注学习和老师的评价，也不在意奖惩。伯宜知道如果贴贴纸到了典典手里，他没法逼迫典典给他贴贴纸。话轮32，点阮紧接着辛奕的话语说"不想跟伯宜一起坐"，表达了他对伯宜行为的否定和对伯宜的排斥。典典对伯宜的不满毫不保留，证明辛奕和伯宜对人物性格的认识是正确的。辛奕评估了当时的情景和会话人物的性格和意图，成功地拒绝了伯宜。

（四）对昊远的不满

例27　（H：昊远，M：辛奕妈妈，X：辛奕。N昊远邻家四周岁的小孩。辛奕在昊远家门口和昊远一起玩遥控车，邻家小孩的加入让辛奕感到很不高兴。辛奕要求昊远回家玩。昊远态度不好，辛奕不满。)

X（对邻居男孩N说）啧，在这里总是在，喂，你搞什么搞啊？
(1)

……

X 我想在那里——。（对N说）搞来搞去的，等下踩坏了。 (2)

……

X 总是，诶，要跟他说。他刚刚乱搞诶。 (3)
H 谁叫你要告诉我的？ (4)

……

X（对N说）干嘛啊，你来这里？这又不是你的。为什么跑到那里看啊？哈？啧，总是把它拿来拿去。 (5)

……

H 我要转圈圈。 (6)
X 干嘛转圈圈？我那一天，我那一天拿变形遥控车也能转圈圈。……不要跟他玩。他等下，等下他按别的。啧，不要搞它！不要搞它！不要让你搞诶，等下你又。不要跟着我好不好？在这里，那你是要玩这个还是玩那个？反正我这个能合体的，反正你那个不好玩一点，对不对？ (7)
H 我那个很好玩。 (8)
X 我们都好玩。不是说超级转可乐吗，这里又没有可乐给你转。转圈子。还是到你家那里玩好一点。好冷！快点！哇，在这里好冷啊！……诶，等下，好，去我家合体吧。去我家合体吧。……能不能叫他不要总是在那里搞来搞去？还是到你家合体吧？
(9)
H 去我家啊？ (10)
X 唔，到你家玩果宝特工。 (11)
H 好吧。我心爱的遥控车。 (12)
X 啧，他拿拿着你的玩具到处在那里转来转去。他拿着你的玩具，到处乱玩，走来走去，走来走去。等一下你说还给你。（对N说）你拿这个玩具转来转去的，是要玩还是要飞啊？Hm53！……要不要去他家合体。我的就能合体。……去你家合体吧。不要浪费电了。 (13)
H 走吧。我还要上楼呢。 (14)

X（对 N 说）不要。	(15)
H 哎呀！你闪开！我要开车呢。	(16)
X 反正我还在你这里住呢。	(17)

……

| X 叫你不要来这里玩啦，浪费电诶。不要在这里玩好不好？浪费电的。快点，合体吧。合体好不好啊？合体吧！快没电啦。不能总是玩耶。合体吧！ | (18) |

昊远让辛奕下车在他家门口一起玩他新买的遥控车。昊远邻居家一个四岁说粤语的小男孩也过来跟着玩。辛奕不认识这个小男孩，也听不懂小男孩说的话，很排斥他的加入。话轮 1、2、5、7、13 辛奕多次对小男孩表示不满。话轮 3、7、9、13，辛奕又多次要求昊远不要让小男孩玩玩具。但是昊远并不在意小男孩一块玩，他责怪辛奕说"谁叫你要告诉我的"。话轮 9，辛奕以外边天气冷为由，劝说昊远回家玩玩具。接着辛奕又以不要浪费电劝说昊远回家。辛奕不给小朋友进门，挡住了昊远的赛车。话轮 16，昊远让辛奕闪开。昊远语气很不客气，辛奕对此心有不满，但他不是直接对昊远发火，而是背地里自语式地说"反正我还在你这里住呢"，意思是昊远就是再生气也拿他没办法。辛奕又一次要求昊远不要玩遥控车。话轮 18，辛奕对昊远说"叫你不要来这里玩啦，浪费电诶"。辛奕或许意识到这么说可能会招致昊远的不满，接着马上改用协商的表达"不要在这里玩好不好，浪费电的。快点，合体吧，合体好不好啊？合体吧！快没电啦。不能总是玩耶。合体吧"。辛奕以浪费电和快没电为由劝说昊远不要玩赛车，要昊远跟他玩合体玩具。

在客场环境中，辛奕与昊远有比较强烈的交往意图，这使得辛奕能够比较好地控制自己的情绪和言语表达，并选用合适的交际策略与昊远交往。语例中，我们看到，辛奕尽可能地避免与昊远直接发生冲突，并且努力使用协商和劝说的方式实现自己的目的。

（五）对玥玥的不满

例 28 （X：辛奕，YU：玥玥，B：辛奕爸爸。辛奕爸爸带辛奕去玥玥爸爸承包的鱼塘钓鱼。辛奕不满玥玥在他和爸爸钓鱼的时候捣乱。）

| X 不要！怎么鱼还没上钩啊？不要搞，这是我，真，真的钓鱼耶！……不要动这个鱼竿，这是真正的钓鱼耶！不要！不要！这是真正的钓鱼耶！ | (1) |
| YU 我也知道。 | (2) |

X 但是你不要动！ (3)
YU 不要动？等下鱼不见了。 (4)
X 不一样，你看，都是你！你看，没有鱼上，我还怎么等呀？
 (5)

……

X 哎呀！玥玥这样把我的，鱼上不了钩了。 (6)

……

X 哼！哎呀！你看你看你看！ (7)

……

X 来！玥玥！你把这个，把它安上去，快！你把这个把它安上去！
 是你搞的呀！ (8)

……

X 不要搞啦！这个是真正的钓鱼耶！不要搞不要搞！不要动啦！
 ……哎呀！又被，不要动啦！这个是真正的钓鱼！ (9)
YU 真正的钓鱼？你说你怎么可以拿，我怎么不可以拿？ (10)

……

X 你看你看你看！才钓了一个这个，你看！ (11)

……

X 走开！ (12)

……

X 我不要，不要搞啦！你看你看！不要！ (13)
YU 快要钓上来啦！ (14)
X 在哪里啊？一个鱼都没有你还骗人！你看你看你看你自己，又
 搞？ (15)

……

X 能不能不要动这个鱼竿啊？什么都没钓出来！为什么你动啊，
 那个鱼竿。 (16)

……

X 不要！拿什么拿，拿什么拿，拿什么拿？不要啦！ (17)

……

X 以后别人钓鱼的时候，你能不能那样啊？ (18)
YU 能。 (19)
X 能？为什么你总是，等下生气了。 (20)

......

X 那你等一下又那样说呀！刚刚钓鱼的时候你为什么 ju 。哼，没有鱼了，把鱼饵都送到那里面了。　　　　　　　　　　　(21)

......

X 这里，为什么？我就，本来我想钓一个鱼拿回家吃的。后来你，你呢，一直在那里动来动去的。以后你请我的话，我叫全部人不跟你好。　　　　　　　　　　　　　　　　　　　　(22)

辛奕在跟爸爸学钓鱼，玥玥走过来拨弄辛奕的鱼竿。话轮 1，辛奕要求玥玥不要动鱼竿。玥玥回答说不动鱼竿，鱼会跑掉。话轮 5，辛奕责怪玥玥把鱼赶跑了。辛奕发现鱼竿被玥玥抢坏了很生气。话轮 8，辛奕命令玥玥把鱼竿安好。一会儿后，玥玥又来抢辛奕的鱼竿。话轮 9，辛奕连用几个"不要搞""不要动"，要求玥玥不要动鱼竿，并多次声明这是真正的钓鱼。话轮 10，玥玥反驳辛奕说为什么辛奕可以拿鱼竿她不可以拿。辛奕生气地命令玥玥走开，但玥玥不听。玥玥仍然不时地动辛奕的鱼竿。话轮 13、15、16，辛奕对玥玥又是禁止又是责问。其中，话轮 17 出现多个表禁止、不允许的短语连用，"不要！拿什么拿，拿什么拿，拿什么拿？不要啦"，表达了辛奕的强烈不满。话轮 18、20，辛奕再次要求玥玥不要动他的鱼竿，并威胁玥玥说"等下生气了"。话轮 21、22，辛奕不满玥玥捣乱，威胁玥玥说"我叫全部人不跟你好"。

YU 辛奕！　　　　　　　　　　　　　　　　　　　　(23)

X 嘘嘘，（跑到玥玥旁边），我爸爸还在钓鱼，等下鱼浮。嘘嘘，不要说话。爸爸！　　　　　　　　　　　　　　　(24)

......

X 嘘嘘，别吵啊！我爸爸在钓鱼耶。别吵啦！别吵啦！别吵啦！别吵啦！别吵啦！别吵啦！　　　　　　　　　　　　　　(25)

YU 我要吵。　　　　　　　　　　　　　　　　　　　(26)

X 等下我爸爸钓不起鱼啦！　　　　　　　　　　　　(27)

YU 钓不起鱼才可以呢。　　　　　　　　　　　　　　(28)

X 钓不起鱼，你还拿着这棍子（鱼竿）干什么？　　　(29)

......

X 太吵了，别吵啦，别吵了好不好？好想让爸爸钓到鱼啊。(30)

玥玥不再跟辛奕抢鱼竿，但仍然不时过来看钓鱼。辛奕怕玥玥吵到爸爸钓鱼，话轮 24，辛奕要求玥玥不要说话。话轮 25，辛奕情急之下连用六个

"别吵啦"禁止玥玥说话。但玥玥坚持要吵。辛奕对玥玥说"等下我爸爸钓不起鱼啦",玥玥却回答说"钓不起鱼才可以呢"。辛奕反驳说"钓不起鱼,你还拿这棍子(鱼竿)干什么"。

  X <u>怎么办?一定又在那个地方了,怎么办?哎呀!这个臭玥玥,怎么办啊?西瓜尊都,哎呀!玥玥你,怎么办怎么办啊!</u> (31)
……

  X <u>哎呀!真是的!手都不见了,my god!哎呀!手不见了还怎么搞啊!哎呀!手不见了怎么办啊,啊!手不见了怎么办?我还怎么找手啊?你看,你这个玥玥!找不到,怎么办啊?玥玥你要赔我一个!</u> (32)

  准备回家的时候,辛奕发现他的玩具少了一个手。辛奕以为是玥玥搞的破坏。话轮31、32,辛奕对玥玥表示不满,要求玥玥赔偿他。

  例28,辛奕爸爸带辛奕和一群小伙伴去玥玥爸爸承包的鱼塘钓鱼。尽管辛奕爸爸跟辛奕说过鱼塘是玥玥家的,但辛奕并没有真正意识到鱼塘是玥玥的主场。因此与玥玥发生冲突时,辛奕毫不避让地向玥玥发出抱怨、斥责、命令禁止和威胁警告。

  例29 (X:辛奕,YU:玥玥。在玥玥家,吃水果,玩游戏。)
  YU 你要几个橘子我就送你几个橘子。你到这里来坐好不好? (1)
  X 嗯,两个就好。啊!我最喜欢吃香蕉! (2)
  YU 给你吧。 (3)
  ……
  X 我们来睡觉吧。好!睡觉了! (4)
  ……
  X 哎哟!嘻嘻嘻嘻!我们来吃水果,来吃水果。我们来吃水果!还有,还有,我们要准备两个枕头啊! (5)
  YU <u>不要!枕头不要!</u> (6)
  X 我们还要吃水果对不对? (7)
  YU 不要吃水果啦。 (8)
  X 为什么? (9)
  YU <u>你要吃水果我就不让你进来!</u> (10)
  ……
  YU 还是要拿那个这个的? (11)
  X 拿两个,我们脚搞不了。 (12)

YU 你要拿两个，我就两个都不拿。 (13)

X 为什么？我们，我们得先搞这个。长一点然后我们就脚不会冰冰的呀！好冰呀！ (14)

……

X 这样睡，这样睡就好啦。觉就睡好一点。不要，我闻到你的臭脚丫了。 (15)

YU 哎呀！你老是这样，你这样我不跟你好。 (16)

……

YU 快来睡觉！不然我弄你着凉。 (17)

……

X 怎么还没吃西红柿啊？怎么还没吃西红柿啊？啊？玥玥，我好想吃西红柿噢。 (18)

YU 你要来这里睡觉。我们准备可以睡觉了！ (19)

X 啊！ (20)

YU 你不要来睡觉，我就从现在起不要给你睡觉。 (21)

X 我们还是拿西红柿来吃吧。 (22)

YU 你要拿西红柿，老是要这样这样。我要做卡士奶的。你做卡士奶这个把它弄下去真好吃。你不要，我就不要给你吃卡士奶。 (23)

……

YU 辛奕，不能吃太多橘子了。 (24)

X 最后一个。 (25)

YU 不行！你再吃我就，就你现在回家。 (26)

X 那你爸爸又没来，我又没有吃。 (27)

YU 你等一下吃了又生病了。 (28)

X 我又不能回家吃饭。 (29)

YU 有一个病是胃不好，你你，然后胃不好会死人的。你要吃就去吃。你敢吃吗？ (30)

X 不敢吃。我还有东西没拿。走开！ (31)

YU 谁叫你，你又吃橘子！你要吃橘子你要给我一个。 (32)

X 给你一半。 (33)

YU 对，然后也一样多。 (34)

例29，辛奕去玥玥家玩，玥玥给了辛奕很多好吃的，并且辛奕还在期待更多好吃的。虽然话轮6、10、13、16、17、21、23，玥玥说话很不客气，对辛奕有拒绝、不满、威胁排斥，但是辛奕能比较好地控制自己的情绪和语言表达。只有当玥玥阻止辛奕吃橘子，并且威胁警告辛奕不能多吃橘子的时候，辛奕才不满地命令玥玥走开。当玥玥看到辛奕不高兴时，玥玥松口同意给辛奕吃橘子。

主客场对儿童交际策略的选择有一定的影响。在他人主场，辛奕仍然可能与主方发生争执。如在柳兴家、在扬蔻家，在典典小店。只有主方主场优势很明显或主方刻意强调主场优势时，辛奕才会控制自己的情绪和言行。

（六）对美珍的不满

例30　　(X：辛奕，MZ：美珍。在辛奕家的车上，辛奕不满美珍弄坏了他的积木。)

X 神兽，啊，喷，美珍你帮我拼！刚刚才拼好的，然后你就把它坐坏了。你帮我拼！　　　　　　　　　　　　　　　　(1)

MZ 这么容易啊。这么容易就好啦。哇！　　　　　　　　(2)

X 你看，这么大力。这个，这个是拼到这里的，然后那个是拼到这里的。给我拼！　　　　　　　　　　　　　　　　　(3)

MZ 我早会啦。　　　　　　　　　　　　　　　　　　　(4)

X 你总是这样。哼！喂，hm53！以后不要来，不要你来我的车上面。　　　　　　　　　　　　　　　　　　　　　　(5)

M 辛奕，怎么讲话呀？　　　　　　　　　　　　　　　(6)

……

X hm53！以后不要来你，不要让你来我的车子上。总是那样，把我的东西都那样。你还跟我坐干嘛？喷，你搞的，帮我搞！你搞的，是不是你搞的，是不是你搞的？　　　　　　　　(7)

MZ 啊？　　　　　　　　　　　　　　　　　　　　　　(8)

X 是不是你搞的，呣？不要让你来我的车子上面。总是会那样！
　　　　　　　　　　　　　　　　　　　　　　　　　(9)

MZ 我可以直接玩电脑，我可以直接玩电脑。　　　　　　(10)

X 不要跟你说话！你总是会那个样。你看，你把我的这个白虎金刚，都是你搞的！还容易拼吗？　　　　　　　　　　　(11)

在辛奕家车上，辛奕惊呼他的神兽金刚玩具被美珍坐坏了。话轮1、3，辛奕命令美珍给他重新拼好。话轮5，辛奕对美珍说，以后不要让她来车上。辛奕妈妈对辛奕的说话方式表示不满。辛奕还是很生气。话轮7、9、11，辛奕对美珍又是责怪又是质问、又是命令又是禁止。话轮 10，美珍则转移话题，说自己会直接玩电脑，向辛奕示好。但辛奕不予理睬，仍然对美珍不依不饶。

三　小结

我们主要从年龄、同伴性别、性格类型、主客场几个方面，考察对辛奕不满宣泄策略的影响。

1. 交往意愿

性格友善、具有较强协调和合作能力、公众评价高的儿童，无论他是男是女是大是小，是主场还是客场，都较少受到同伴的攻击和排斥。在我们的语料中，公众评价高的孩子，除了伯宜还有彤欣。辛奕对这两个伙伴，尤其是对彤欣留有相当好的印象。辛奕不满彤欣喂狗食，他对彤欣不是斥责、威胁警告，而是苦苦劝说。辛奕不满伯宜抢贴贴纸，辛奕和伯宜的语言中都出现了斥责、威胁警告，但是最后辛奕想办法以比较和平的方式解决了冲突。冲突过程中，辛奕断然拒绝伯宜后，又心有不忍，于是他对伯宜说要让他想一想给不给伯宜贴贴纸，以此缓和矛盾。辛奕又劝阻典典不要批评伯宜，因为担心伯宜会哭。

昊远对辛奕非常大方，辛奕也很乐于跟昊远玩。因为是在昊远的主场，虽然辛奕不满昊远时也有斥责威胁警告，但表现得比较克制。辛奕不满昊远一直在屋外玩玩具，他以命令口气要求昊远停止玩玩具，话一出口辛奕发现不妥，立即改成协商式语气并辅以理由劝说昊远回家玩。而当昊远命令辛奕闪开时，辛奕心有不满却只是背地嘟哝而不是当面发泄。

柳兴比辛奕大一周岁，接受能力和语言表达能力都比辛奕强。辛奕很喜欢由柳兴带着玩各种不同的游戏。因为辛奕对柳兴存有较强的交往意愿，所以二人有不同意见时，柳兴经常使用威胁手段，以不跟辛奕玩来迫使辛奕退让，或者以威胁加劝说的方式让辛奕接受他的意见。因此，语料中辛奕的抱怨比柳兴的多，威胁、排斥等行为比柳兴的少。

2. 主客场分别

主客场也能形成权势关系。主方不满客方的时候可以借主场优势对客方实施威胁，使客方感觉被排斥。语料中，柳兴、扬蔻都曾使用主场权，驱赶排斥辛奕，宣泄不满。在自己家的小车上，对丘丘不满，辛奕多次驱赶丘丘下车。在玥玥家，玥玥不满辛奕，玥玥又威胁辛奕，让辛奕回家。在许生家玩耍，辛奕破坏扬扬搭的积木。扬扬十分生气，要求辛奕不要搞他的积木。辛奕质问扬扬"这是你家吗"。辛奕的意思是，许生是主人，许生有权力制止辛奕，而扬扬作为客人无权约束辛奕。

辛奕客场意识比主场意识弱。在他人主场时，辛奕仍然可能与主方发生争执。如在柳兴家、在扬蔻家，在典典小店。只有主方主场优势很明显或主方刻意强调主场优势时，辛奕才会控制自己的情绪和言行。在和玥玥钓鱼的那段语例中，尽管辛奕爸爸跟辛奕说过鱼塘是玥玥家的，但辛奕并没有真正意识到鱼塘是玥玥的主场。因此与玥玥发生冲突时，辛奕毫不避让地向玥玥发出抱怨、斥责、命令禁止和威胁警告。而在玥玥家，玥玥给了辛奕很多好吃的，并且辛奕还在期待更多好吃的时候，虽然玥玥话语不客气，辛奕也能比较好地控制自己的情绪和语言表达。

在他人主场与主方发生争执的除了辛奕，还有典典和丘丘。典典和丘丘在辛奕家车上与辛奕发生争执，言辞也毫不避让。

3. 年龄

年龄大小也能形成一种权势关系。年龄大的儿童通常能力强、力量大，能对年龄小的儿童构成威胁。扬蔻在跟辛奕发生争执的时候，就曾强调辛奕还打不过她。

荣生和涛涛两个男孩都比辛奕大一岁。辛奕经常跟涛涛玩，但不经常跟荣生玩。语例中，辛奕非常不满荣生戏弄他，但最后他只是生气地走开，然后以自语形式宣泄心中不满，没有与荣生发生直接冲突。

同龄伙伴存在月份大小，辛奕、丘丘、扬扬三人中，辛奕出生月份最早，长得也最高。跟扬扬发生冲突时，辛奕曾两次提到自己是哥哥，要丘丘、扬扬听他的。当丘丘表示不听从的时候，辛奕非常不满，用极具挑衅的语言回复了丘丘。

因为有年龄和身高优势，面对扬扬的不满，辛奕多次辩解无效后，他对扬扬也产生了不满。在扬扬过度不满的刺激下，辛奕的不满步步升级，从抱怨发展到斥责，从斥责、挑衅又发展成故意排斥和敌对。辛奕对待扬扬的态度和交往意愿强弱有一定的关系。扬扬性格内向，不常跟小朋友玩游戏，所以游戏过程中不懂守规则而招致辛奕和丘丘的共同不满。因为扬扬不是辛奕抱有强烈交往意愿的对象，所以在与扬扬的冲突过程中，辛奕不似对彤欣、伯宜、昊远那样刻意控制自己的情绪和言行。

亲密的关系和交际目的有时能抵消年龄威胁。辛奕知道媛媛姐姐喜欢玩他的导航仪游戏。媛媛姐姐的球踢到辛奕后，辛奕不惧媛媛是姐姐，他不停地责怪媛媛并多次威胁说不要跟她玩，不要给导航仪游戏给她玩。当遭到两个姐姐的排斥时，辛奕才转变态度。

4. 性别

五周岁的儿童已经有男强女弱的意识。这体现在辛奕和典典的对话中。

X 你看，逸骧，还有你还有我，柳兴，吴生，安新，扬蔻。

D 雷晃他很厉害，他有跆拳道。

X 还有湘豫，我们都一起打他。还有美珍。美珍是女的，打不了。

典典告诉辛奕雷晃欺负他，辛奕回答说要叫他小区的朋友来帮助典典打雷晃。辛奕还提到要美珍帮忙，但他突然想到美珍是女的，马上否定了美珍。实际上美珍比辛奕大一个月，个子也比辛奕高。很有意思的是，扬蔻也是女的，但辛奕并没有否定扬蔻。这大概是因为扬蔻长辛奕几岁的缘故。

X 女孩怎么能欺负大，男孩呢？男孩是最厉害的，把女孩打走。打哭你！再给你一次机会。真的一次，真的一次。只一次，不能两次，两次的话我踢死你。

从上面辛奕对玥玥的一段自语也可以看出辛奕男强女弱的意识。但语料中，性别因素对不满宣泄形式的影响不是很明显。因为不同性别同是冲突性格的典典和玥玥，不同性别同是内敛性格的扬扬和美珍，辛奕对他们抱怨、斥责、命令禁止、威胁排斥，宣泄方式没有多大不同。只有美珍稍有特别，因为辛奕知道美珍多顺从他，所以辛奕对美珍不满时，言辞比较放肆。而同是女生，辛奕喜欢跟彤欣玩，即便对彤欣有不满，辛奕也能很好地控制对彤欣的态度和言行。

5. 交际目的

不满的宣泄方式与交际目的密切相关。当辛奕想从他人那获取物质帮助或行动帮助时，即便心有不满，辛奕也能控制自己的情绪，不与他人发生直接冲突。与同伴发生冲突，也尽量选择轻量形式宣泄不满，如抱怨责怪，或由当面宣泄转为背地宣泄。在这种情况下，辛奕通常会避免使用斥责、命令禁止、威胁排斥等表达强烈不满的形式，以免触怒对方，将矛盾公开。

第五节 小 结

本章按不同的会话对象分析了语段中儿童不满类言语行为的表达手段和特点。

辛奕对成人、同伴的不满宣泄的类型及使用频次，成人、同伴对辛奕的不满宣泄的类型及使用频次，统计结果见表7-2。

表7-2 辛奕和成人、同伴相互间不满宣泄的类型及使用频次对比

对象		不满的类型				对象	不满的类型			
		抱怨	斥责	责令	排斥		抱怨	斥责	责令	排斥
对成人	辛奕对父母	81	68	20	64	父母对辛奕	36	159	177	32
	辛奕对老师	7	0	0	0	老师对辛奕	0	5	1	0
	辛奕对其他成人	0	4	1	0	其他成人对辛奕	0	3	1	0
	合计	88	72	21	64	合计	36	167	179	32
对大龄伙伴	辛奕对柳兴	44	46	46	12	柳兴对辛奕	21	43	37	29
	辛奕对荣生	6	5	0	4	荣生对辛奕	0	0	0	1
	辛奕对扬蔻	7	11	4	3	扬蔻对辛奕	1	3	7	10
	辛奕对媛媛	8	11	4	1	媛媛对辛奕	5	2	0	3
	合计	52	73	54	20	合计	22	48	44	43
对同龄伙伴	辛奕对丘丘	2	3	0	22	丘丘对辛奕	1	5	3	4
	辛奕对安熠	2	2	0	6	安熠对辛奕	0	1	0	1
	辛奕对扬扬	1	23	1	2	扬扬对辛奕	0	6	6	0
	辛奕对伯宜	0	3	0	5	伯宜对辛奕	0	1	0	5
	辛奕对昊远	2	2	3	5	昊远对辛奕	1	4	5	1
	辛奕对玥玥	20	39	21	5	玥玥对辛奕	2	13	5	13
	辛奕对美珍	12	11	3	7	美珍对辛奕	0	0	0	0
	合计	39	83	28	52	合计	4	30	19	24
	总计	179	228	103	136	总计	62	145	242	99

一，从不满宣泄的类型来看，辛奕抱怨和斥责的使用频次高于责令禁止和对抗排斥的使用频次。

二，辛奕对成人的不满和对同伴的不满有不同。

（一）与对同伴的不满相比，辛奕对成人的斥责、责令远远少于对同伴的斥责责令。

辛奕向父母宣泄不满，使用得最多的是抱怨，并且经常出现过度抱怨。

辛奕对父母的责怪和抵触行为也比较多。

对老师，辛奕能比较好地控制自己的情绪和语言表达。辛奕对老师的不满只限于抱怨，语料中没有出现对抗行为，也没出现责令禁止和威胁。

辛奕对其他成人表示不满并不多见。语料中只有几例，没有出现对抗行为，也没有出现驱逐、咒骂、威胁。

辛奕对父母、老师、其他成人宣泄不满，不满的策略、形式选择主要受权势关系的性质和社会距离远近的影响。

（二）与对成人的指令相比，辛奕对同伴的指令，形式丰富多变。

和辛奕向同伴发出指令类似，辛奕不满的策略、形式选择也主要受交往意愿和交际目的的影响。

三，不满表达具有语力级差。驱逐、咒骂、武力威胁最重，责令禁止次之，斥责再次，抱怨最轻。正因为有量级分别，辛奕可以对同伴使用各种形式的不满表达，但不可能对父母使用量级最重的驱逐、咒骂和武力威胁。斥责仍然是比较重的不满表达，因此对待老师，辛奕有抱怨，但没有斥责，更没有责令禁止、驱逐、咒骂武力威胁。

不满的各种表达类型中也还存在语力级差。儿童可以通过重音、语句重复、语气副词、语气词，增强不满的程度。

儿童在语言实践中，通过他人的反馈，逐渐掌握不满表达的语力级差和使用条件。

第八章 结论与建议

一 研究结论

语言世界由两半组成,一半是语言能力,属于心理范畴;另一半是语言运用,属于社会范畴。海姆斯把运用语言进行社会交往的能力称为交际能力。五周岁儿童语言要素能力差别不大,但交际能力可能存在很大差别,不描写儿童运用语言的能力就不能全面反映儿童语言学习和使用的真实情况。本书收集五周岁儿童的会话语料,从功能出发,描写分析了五周岁儿童的言语交际行为,探讨了儿童在具体的语境中如何选用适当的策略开展与他人的交谈,如何选用适当的语言形式来表达自己的意图。研究结论如下:

(一)韩礼德认为,陈述、提问、提供、命令是最主要的言语功能。陈述是给予信息,提问是求取信息,提供是给予物品与服务,命令是求取物品与服务①。但言语交际中,陈述的功能不止是给予信息,提问的功能也不止是求取信息。五周岁儿童可以通过叙述向他人传递对客观情况的认识,也可以通过叙述向他人表达情感态度,如通过叙述一件有利的事情来表示高兴或者通过叙述不利的事情来表达不满。他们还可以通过叙述自己的好恶来表达需求或者表达拒绝。五周岁儿童可以通过提问获取信息,也可以通过提问表达对他人的提醒或者传递对他人的否定态度。他们可以通过命令求取物品与服务,也可以通过命令表达不满和愤怒。

(二)口语交际需要建立信号、保持信号发送和接收畅通。研究发现,五周岁儿童已能掌握最基本的谈话技能,这些谈话技能有引起注意、打断、请求重述、支持性反馈和修补。不能掌握这些谈话技能将影响儿童发起和持续会话,无法保证交际正常顺利进行。

(三)语言除有表情达意的功能外,还有维护人际关系的功能。因而言语

---

① 胡壮麟等:《系统功能语言学概论》,北京大学出版社 2005 年版,第 115、116 页。

交际中存在一些诸如打招呼、问候、祝愿、抚慰、致谢、道歉、告别等社交表达，它们的目的不在传递信息、表达思想，而是建立、维持、修复人际关系。五周岁儿童言语交际中已出现部分社交表达。儿童的社交表达主要有两个特点：一是，多数用语尚处在操练阶段。二是，使用时不完全主动，有时需要成人提醒。

（四）语言是人类的认知工具和表达情感态度的工具。认知状态有确定不确定之分，情感有消极、积极和强弱之分，态度有肯定否定之分。五周岁儿童已能表达主要的认知状态和情感状态。这一时期的儿童对他人言语的否定回应不再只是简单的一个"不"或"没有"，他们能说明理由为自己辩解或对他人观点进行反驳。五周岁儿童除了能表达肯定和否定、相信和不相信、知道和不知道、有能力和没能力这些确定的态度或认知状态、表达事理或情理的必要性外，还能表达估测、怀疑、犹豫几类处于不定的认知状态。

（五）本书运用社会语言学理论对儿童指令类言语行为和不满类言语行为进行分析。研究发现，五周岁儿童已能识别权势性质、角色关系和任务性质。交际目的、交往意愿、权势性质、社会距离、任务性质影响儿童指令类和不满类言语行为交际策略的选择，其中交际目的是起主导作用的影响因素。

成人和儿童之间具有权势关系，不同性质的权势关系影响儿童交际策略的选择。教师的权势具有公众性。对老师，儿童一般选用礼貌合作的交际策略，不会轻易违抗老师的意愿或做出触怒老师的言行；同伴交往中，同伴的性格类型、个人能力、公众评价影响交往意愿。对同伴抱有强烈的交往意愿，能使儿童自动放弃主场话语权，放弃年龄、性别带来的优势，主动控制情绪、态度，选用礼貌合作的交际策略和语言表达形式。

语料中五周岁儿童使用的礼貌合作的交际策略有：他人受到伤害，主动表示关心，主动提供帮助。面对他人观点，多认同，少否定，无反驳。面对他人要求，尽可能满足或者不直接拒绝；面对他人拒绝，尽可能劝说。面对他人不满，主动道歉、解释说明原因或提供补偿。发出指令时，有意减少指令的强迫性、增强指令的协商性，多劝说提醒，无威胁警告；不满他人时，或者采用轻量宣泄形式，或者摆事实讲道理劝说他人终止不利行为。尽量避免与他人直接发生冲突，如果与他人发生冲突，尽可能采用和平的方式解决矛盾。

（六）儿童能根据语境的变化调整交际策略和具体的语言表达形式。实现同一种交际目的的语言形式存在语力级差，儿童在语言实践中，通过他人的反馈，逐渐掌握它们的差别和使用条件。

二　建议

（一）对儿童语言研究的建议

1. 根据个人语言全貌研究得出的结论，远比只根据多个人的语言片段做出的结论更有价值。儿童语言研究应以个案剖析为主，辅以群案分析，即以群案验证个案结论。

2. 儿童在特定的社会中学会特定的语言，并按该社会的要求使用语言。儿童是积极主动的语言加工者，是协作性人际交往的参与者，交往过程中交际行为之所以有意义，是参与者共同建构的结果。儿童语言研究应运用多学科的理论和方法在语言生态圈中研究儿童语言。

（二）对儿童语言教育的建议

1. 儿童学习语言的途径除了成人教习，还有儿童对周围人的观察和模仿。受儿童认知能力和语言能力的限制，儿童需要大量有效的语言输入，也需要大量的语言输出。因此，自由、宽松的语言交往环境、正确的语言示范对儿童语言学习有很大影响。成人的反馈影响儿童语言学习，在儿童学习语言的过程中，成人对儿童的鼓励可有效调动儿童语言使用的积极性、增加儿童语言交流的乐趣。

2. 儿童既是说话人也是听话人，不仅可以监听别人的话语，还可以监听自己的话语，能指出他人表达上的错误，也能根据需要调整自己的表达。因此，成人可以引导儿童接触优秀的儿童文学作品或影视作品，感受语言的丰富和优美，并适度强化儿童语言使用的规则意识。

3. 交际意图影响儿童的语言使用。为实现交际意图，儿童努力尝试使用不同的交际策略，并积极遵守社会言行规范。在此过程中，儿童不断积累交际经验，掌握不同交际策略的功能和效用。父母与老师应为儿童提供人际间相互交往的机会和条件，并加以指导。

4. 与物质相比，情感更能影响儿童的语言使用。儿童成长中的"重要他人"，是指对个体的社会化过程具有重要影响的人，通常也是儿童抱有强烈交往意愿、十分在意的人，不仅可以是父母、老师，也可以是儿童的同伴。对同伴抱有强烈的交往意愿，能使儿童自动放弃主场话语权，放弃年龄、性别带来的优势，主动控制情绪、态度，选用礼貌合作的交际策略和语言表达形式。父母和老师应尽可能成为并帮助儿童找寻对其成长有积极影响的"重要他人"。

5. 情绪和道德情感对儿童的语言使用有很大影响。情绪不佳甚至失控时，儿童倾向于使用敌对的表达方式。教育儿童认识情绪、控制情绪，有助于儿童减少使用敌对表达方式。道德情感可以分为个人情感与社会情感，个人的情感主要关注自身的得失与利益，社会情感则是个人根据社会的要求来调节自己的情绪与感情。"重要他人"的存在可以促使儿童控制情绪，从他人或社会角度思考交际行为，从而选择更多利他、遵守规则、合作的交际策略。

最后，我们要强调的是，除学校外，家庭是儿童语言社会化的另一个重要场所。所以，我们既要重视学校的语言教育还要重视家庭的语言教育，既要重视对儿童的教育，还要重视对家长的教育。儿童的语言学习是一个日积月累的过程，需要幼儿园、家庭和社会密切合作，协调一致。

三 本书创新与不足

（一）创新

1. 全面描写儿童言语交际行为并统计使用频次，真实反映五周岁儿童言语交际能力状况。

2. 强调个案研究，强调分层研究和对比研究。本文运用社会语言学理论，对主要调查对象在不同情景下与成人、同伴的会话情况进行对比分析，从而发现制约语言选择的因素。

3. 强调话段研究，研究从个别语句、简单对话分析扩展到连续的话段分析。语言交际过程中，交际参与者所实施的不只是单个的言语行为，交际双方实施的言语行为不仅要具有语境适宜性，而且还要与其他言语行为形成前后的连贯关系，所以孤立地研究单个的言语行为在很大程度上难以揭示语言的意义和语言运用的实质。本书在连续的话段中分析儿童的语言使用，发现实现同一交际目的的语言表达形式具有语力级差，供儿童根据情景需求做不同选择。

（二）不足

1. 调查对象不多。包括主调查对象在内，有长时交往记录的五周岁儿童只有10个。这些儿童都来自条件较好的家庭，父母接受过高等教育，家庭经济状况良好。因为家庭教育在一定程度上会影响儿童的语言使用，笔者今后将在增加调查对象的同时把调查范围扩大至父母为低学历、低收入的儿童,然后补充验证研究结论。

  2. 研究时段只限于五周岁,缺少自身的对比。因为跨阶段连续调查能对儿童语言的学习和使用做出更多有意义的发现,笔者今后将努力做后续调查研究。

  3. 材料多,分析不足,今后将增强理论修养。

参考文献

［美］Arnold M. Zwicky（佐伊基）：《社会语言学演讲录》，刘明霞等译，北京语言学院出版社1989年版。

［德］Florian Coulmas（库马斯）：《社会语言学：说话者如何做出选择》，外语教学与研究出版社2010年版。

［美］Grice，P（格赖斯）：《言辞用法研究》，外语教学与研究出版社2002年版。

［英］J. Austin（奥斯汀）：《论言有所为》，许国璋译，中国社会科学出版社1979年版。

［美］James paul Gee（吉）：《话语分析入门：理论与方法》，外语教学与研究出版社2000年版。

［美］John R. Searle（塞尔）：《表述和意义：言语行为研究》，外语教学与研究出版社2001年版。

［美］John R. Searle（塞尔）：《言语行为：语言哲学论》，外语教学与研究出版社2001版。

［英］Leech，G（利奇），*Semantics*：*The Study of Meaning*，London：Penguin Books，1981。

［英］Leech，G（利奇），*Principles of Pragmatics*，London：Longman，1983。

［英］Levinsion，Stephen. C（列文森）：《语用学》，外语教学与研究出版社2001年版。

［以色列］Ninio A（尼诺），Snow C（斯诺），*Pragmatic Development*：Boulder：Westview Press Inc，1996。

［英］R. A. 赫德森：《社会语言学》，卢德平译，华夏出版社1989年版。

［英］J. Austin（奥斯汀）：《如何以言行事》，外语教学与研究出版社2002年版。

陈前瑞：《儿童语言发展阶段理论的再思考——评周国光〈汉语句法结构习得研究〉》，《汉语学习》2001年第2期。

陈前瑞：《中国儿童语言学的长成之作——读李宇明〈儿童语言的发展〉》，《语言文字应用》1996年第3期。

陈松岑：《礼貌语言》，商务印书馆1989年版。

陈新仁：《国外儿童语用发展研究述评》，《外语与外语教学》2000年第12期。

陈友庆；《儿童心理理论》，安徽人民出版社2008年版。

崔国鑫：《语用视野下的会话分析》，博士学位论文，首都师范大学，2009 年。
崔荣辉：《5－6 岁儿童语言习得状况的考察与研究》，硕士学位论文，山东大学，2009 年。
邓赐平：《儿童心理理论的发展》，浙江教育出版社 2008 年版。
丁建新：《发展语用学关于儿童话语能力的研究》，《外国语》1999 年第 2 期。
杜道流：《现代汉语感叹句研究》，博士学位论文，安徽大学，2003 年。
樊小玲：《汉语指令言语行为研究》，博士学位论文，华东师范大学，2011 年。
付习涛：《言语行为理论研究综述》，《求索》2004 年第 6 期。
［英］甘柏兹：《会话策略》，徐大明、高海洋译，社会科学文献出版社 2001 年版。
桂诗春：《新编心理语言学》，上海外语教育出版社 2000 年版。
郭莉敏：《汉语讽刺言语行为的语用学研究》，硕士学位论文，暨南大学，2007 年。
郭熙：《〈汉族儿童实词习得研究〉评介》，《世界汉语教学》2007 年第 3 期。
国家汉办：《高等学校外国留学生汉语言专业教学大纲》，北京语言大学出版社 2002 年版。
何兆熊：《新编语用学概要》，上海外语教育出版社 2005 年版。
何自然、冉永平：《新编语用学概论》，北京大学出版社 2009 年版。
何自然主编，谢朝群，陈新仁编著：《语用三论：关联论·顺应论·模因论》，上海教育出版社 2007 年版。
贺春英：《功能视野中的言语行为理论研究：回眸与反思》，博士学位论文，上海外国语大学，2009 年。
侯国金、蒋勇：《消极应答的语用策略（拒绝的策略）》，《外语教育》2003 年第 1 期。
侯召溪：《汉语警告言语行为分析》，《湖北社会科学》2007 年第 2 期。
胡壮麟等：《系统功能语言学概论》，北京大学出版社 2005 年版。
惠秀梅：《俄语否定范畴的意义与表达手段——兼与汉语对比》，博士学位论文，黑龙江大学，2004 年。
简正玲：《汉英抱怨言语行为对比》，硕士学位论文，中国海洋大学，2007 年。
江结宝：《强势角色礼貌语言特点》，《安庆师范学院学报》2005 年第 6 期。
江结宝：《权势关系中弱势角色的礼貌语言特点初探》，《语言文字应用》2005 年第 4 期。
金盛华主编：《社会心理学》，高等教育出版社 2005 年版。
靳洪刚：《语言获得理论研究》，中国社会科学出版社 1997 年版。
康红霞：《关于现代汉语道歉言语行为的初步研究》，硕士学位伦文，天津师范大学，2008 年。
康林华：《汉语抱怨行为研究》，硕士学位论文，暨南大学，2007 年。
孔令达等：《汉族儿童实词习得研究》，安徽大学出版社 2004 年版。
赖毅生：《汉英语中不满言语行为的礼貌策略》，《广州大学学报》2004 第 12 期。

李成团:《应答语中"附加信息"的语用功能探究》,《广东外语外贸大学学报》2008年第3期。

李军,宋燕妮:《汉语使役言语行为醒世语分析》,《暨南大学华文学院学报》2004年第4期。

李军:《汉语使役言语行为的话语构造及其功能(上)》,《语文建设》1998年第5期。

李军:《汉语使役言语行为的话语构造及其功能(下)》,《语文建设》1998年第6期。

李军:《汉语使役言语行为分析》,《语言文字应用》2003年第3期。

李军:《使役方式选择与社会情境制约关系分析》,《现代外语》2001年第4期。

李丽娜:《汉语"感谢"言语行为研究》,《湖北社会科学》2004年第4期。

李向农:《儿童语言研究的新进展——李宇明〈儿童语言的发展〉评介》,《语言教学与研究》1996年第2期。

李永华:《汉语会话之应答语研究》,硕士学位论文,暨南大学,2008年。

李宇明、陈前瑞:《语言的理解与发生——儿童问句系统的理解与发生的比较研究》,华中师范大学出版社1998年版。

李宇明、唐志东:《汉族儿童问句系统习得探微》,华中师范大学出版社1991年版。

李宇明:《儿童语言的发展》,华中师范大学出版社1996年版。

李悦娥、范宏雅:《话语分析》,上海外语教育出版社2002年版。

李泉:《对外汉语课程、大纲与教学模式研究》,商务印书馆2006年版。

梁蕾:《汉语评价言语行为及其策略研究》,硕士学位论文,暨南大学,2007年。

刘虹:《会话结构分析》,北京大学出版社2004年版。

刘乃美:《交际策略研究三十年:回顾与展望》,《中国外语》2007年第5期。

刘森林:《学龄前儿童语用发展状况实证研究——聚焦言语行为》,《外语研究》2007年第5期。

刘森林:《语用策略》,社会科学文献出版社2007年版。

刘文欣:《现代汉语责训句研究》,博士学位论文,黑龙江大学,2010年。

刘霞:《儿童会话的语用分析》,硕士学位论文,中国石油大学,2008年。

刘运同:《会话分析概要》,学林出版社2007年版。

龙又珍:《现代汉语寒暄系统研究》,博士学位论文,武汉大学,2009年。

卢爱华:《五岁儿童自我言语修正的个案研究》,硕士学位论文,上海外国语大学,2007年。

吕叔湘:《汉语语法分析问题》,商务印书馆1979年版。

吕叔湘:《现代汉语八百词》,商务印书馆1980年版。

吕叔湘:《中国文法要略》,商务印书馆1982年版。

[美]梅雷迪斯·D. 高尔、沃尔特·R. 博格、乔伊斯·P. 高尔等:《教育研究方法导论》,许庆豫等译,朱永新审校,江苏教育出版社2002年版。
苗兴伟:《言语行为理论与语篇分析》,《外语学刊》1999年第1期。
苗兴伟:《英汉语篇语用学研究》,上海外语教育出版社2010年版。
缪小春:《语言心理学》,华东师范大学出版社2007年版。
彭利贞:《现代汉语情态研究》,博士学位论文,复旦大学,2005年。
祁文慧:《国外儿童语言研究综述》,《南京邮电大学学报》2011年第9期。
钱冠连:《汉语文化语用学》,清华大学出版社2002年版。
钱敏汝:《篇章语用学概论》,外语教学与研究出版社2001年版。
全国十二所重点师范大学联合编写:《心理学基础》,教育科学出版社2005年版。
冉永平、张新红:《语用学纵横》,高等教育出版社2007年版。
冉永平:《语用学:现象与分析》,北京大学出版社2006年版。
[瑞士]让·皮亚杰:《儿童的语言与思维》,傅统先译,文化教育出版社1980年版。
商拓:《汉英祈使语气表达方式比较》,《西南民族学院学报》1998年第7期。
商拓:《语境中祈使句的结构特点》,《修辞学习》1997年第1期。
商拓:《浅论理想祈使语气的表达》,《修辞学习》1996年第4期。
孙维张、吕明臣:《社会交际语言学》,吉林大学出版社1996年版。
王方:《对初级阶段七套汉语教材功能项目的考察》,硕士学位论文,北京语言大学,2008年。
王丽媛:《汉语"感谢"言语行为研究》,硕士学位论文,广西师范大学,2007年。
王向丽:《论俄语情感意义的表达手段》,硕士学位论文,山东大学,2004年。
王立非:《国外第二语习得交际策略研究述评》,《外语教学与研究》2000年第2期。
王德春、孙汝建、姚远:《社会心理语言学》,上海外语教育出版社1995年版。
文贞惠:《现代汉语否定范畴研究》,博士学位论文,复旦大学,2002年。
吴剑锋:《言语行为与现代汉语句类研究》,博士学位论文,华东师范大学,2006年。
徐大明、陶红印、谢天蔚:《当代社会语言学》,中国社会科学出版社1997年版。
徐志卿:《汉语抱怨语行为的礼貌策略》,硕士学位论文,东北师范大学,2007年。
许林玉:《汉语"安慰"言语行为研究》,硕士学位论文,广西师范大学,2007年。
薛秋宁:《留学生实施汉语请求言语行为调查及习得研究》,硕士学位论文,暨南大学,2005年。
颜晓春:《拒绝言语行为及其策略分析》,硕士学位论文,上海外国语大学,2006年。
杨寄洲:《对外汉语教学初级阶段教学大纲》,北京语言文化大学出版社1999年版。
杨家胜:《现代俄语中的评价范畴》,硕士学位论文,黑龙江大学,2001年。

杨先明：《0—5岁汉语儿童语言发展的认知研究》，博士学位论文，武汉大学，2010年。

杨晓岚：《3—6岁儿童同伴会话能力发展研究》，硕士学位论文，华东师范大学，2009年。

尧春荣：《汉语詈骂言语行为研究》，硕士学位论文，暨南大学，2009年。

易峰：《汉语作为第二语言教学的功能大纲及其应用研究》，硕士学位论文，暨南大学，2009年。

于国栋：《会话分析》，上海外语教育出版社2008年版。

[比] 耶夫·维索尔伦：《语用学诠释》，钱冠连、霍永寿译，清华大学出版社2003年版。

张汉娇：《留学生汉语招呼言语行为研究及教学探讨》，硕士学位论文，暨南大学，2006年。

张黎：《言语策略与语言教学——中高级汉语教学向语用扩展》，《语言文字应用》2002年第2期。

张黎：《交际策略教学法研究——以"商务汉语口语交际"课为例》，《语言教学与研究》2011年第2期。

张美兰：《〈祖堂集〉祈使句及其指令行为的语力级差》，《清华大学学报》2003年第2期。

张鲁昌：《汉语模糊限制策略研究》，硕士学位论文，暨南大学，2005年。

张奇棋：《承诺类言语行为动词研究》，硕士学位论文，华东师范大学，2007年。

张廷香：《基于语料库的3—6岁汉语儿童词汇研究》，博士学位论文，山东大学，2010年。

张晓涛：《现代汉语疑问范畴和否定范畴的相通性及构式整合》，博士学位论文，吉林大学，2009年。

张新彬：《儿童语言习得的"形式——功能互补"理论研究模式》，博士学位论文，上海外国语大学，2005年。

张旭：《汉语幼儿心理理论与语言的关系——不同语言能力幼儿的实验研究》，博士学位论文，华东师范大学，2005年。

赵微：《指令行为与汉语祈使句研究》，博士学位论文，复旦大学，2005年。

赵元任：《汉语口语语法》，商务印书馆1979年版。

郑荔：《学龄前儿童修辞特征语言研究》，博士学位论文，南京师范大学，2008年。

周国光、王葆华：《儿童句式发展研究和语言习得理论》，北京语言学院出版社2001年版。

周兢：《从前语言到语言转换阶段的语言运用能力发展——3岁前汉语儿童语用交流行为习得的研究》，《心理科学》2006年第6期。

周兢：《儿童语言运用能力的发展》，南京师范大学出版社2002年版。

周兢：《汉语儿童语言发展研究——国际儿童语料库研究方法的应用与发展》，教育科学出版社2009年版。

周震、丁文英：《元认知理论结构下的交际策略》，《山东外语教学》2005年第1期。

朱湘燕：《汉语批评言语行为研究及其对对外汉语教学的启示》，硕士学位论文，暨南大学，2002年。

朱湘燕：《影响汉语批评语用策略选择的社会因素》，《广州大学学报》2007年第5期。

朱曼殊：《儿童语言发展研究》，华东师范大学出版社1986年版。

朱永生、严世清：《系统功能语言学多维思考》，上海外语教育出版社2001年版。

祝畹瑾：《社会语言学译文集》，北京大学出版社1985年版。

祝畹瑾：《社会语言学概论》，湖南教育出版社1992年版。

后　　记

　　《五周岁汉语儿童的言语交际研究》一书沉寂了五年后终于付梓出版，它是我博士三年学习的一份答卷，它的完成使我深刻地体会到了"学而知不足"和"九井相连"的含义。

　　首先，我要感谢我的导师郭熙教授。入学后，老师让我继续做我硕士论文的题目——土话研究。当他知道土话并不是我的母语时，他建议我从功能的角度研究儿童语言。儿童语料收集工作结束后，面对大量的语料，我很茫然。在我"东游西荡"的时候，是老师把我拽回来，然后步入正轨。惭愧的是，自己能力有限，积累不多，没有把它做到如老师想象中的那样好。

　　感谢邵敬敏教授、伍巍教授、彭小川教授、曾毅平教授、卢植教授、宗世海教授，在他们的课堂上学到的许多新知识及他们提出的宝贵意见对本书的写作有很大帮助。

　　借此机会我还要感谢我的硕士导师孙建元教授及师母，他们一直关心着我的学习、工作和生活，给予了无私的帮助与支持。

　　感谢我的父母，感谢他们的教诲和支持，让我在一个宽松的家庭环境中自由快乐地成长。

　　感谢我的爱人。我在外求学的时候，是他一边工作一边带孩子。此外，他还帮助我完成部分录音工作。携手二十年，一路走来，处处有你！

　　感谢我的儿子奕奕宝贝！我要把最深切的歉意和最温情的谢意给我的儿子奕奕宝贝。在我往来于家和学校的三年时间里，分离的瞬间，奕奕从不哭闹。如往常一样，平静的离别后，晚上奕奕却在梦中哭醒。他对爸爸说，我看到妈妈回来了，妈妈又走了。奕奕的话让我感到十分愧疚。这本书记录了奕奕宝贝的成长，它是妈妈给奕奕的最好的礼物，也是妈妈爱奕奕的最好见证！

最后，非常感谢韩山师范学院对我这本书的资助，感谢韩山师范学院文学与新闻传播学院对我的支持！

罗黎丽
2017 年 9 月